DAS G[...] QUINOA-SALAT KOCHBUCH

100 GESUNDE UND REICHHALTIGE QUINOA-SALATSCHÜSSEL

KUNO HOFMANN

INHALTSVERZEICHNIS

EINLEITUNG

Was ist Quinoa?

Quinoa ist ein glutenfreier Samen, der ein großartiger Ersatz für Reis und andere Körner sein kann. Heutzutage ist Quinoa immer noch alles, worüber man spricht. Überall gibt es Quinoa-Salate, gebratenen Quinoa-Reis und jetzt sogar Quinoa-Proteinshakes. Vor Tausenden von Jahren in Südamerika geschmiedet und von den Inkas „das Muttergetreide" genannt, gilt Quinoa auch heute noch als Superfood.

Aber wann und warum wurde Quinoa so beliebt? Was macht diesen Reisersatz trotz all der Jahre so wertvoll in der Welt der Ernährung?

Insgesamt hat Quinoa eine unglaubliche Nährstoffbasis. Im Vergleich zu raffiniertem Getreide gelten Vollkornprodukte wie Quinoa laut der Mayo Clinic als bessere Quellen für Ballaststoffe, Proteine, B-Vitamine und Eisen. Aber abgesehen von diesen Schlüsselnährstoffen ist eines der besten Nährstoffprofile, das Quinoa bieten kann, sein Proteingehalt. Da Protein 15 Prozent des Getreides ausmacht, wie vom Grains and Legumes Nutrition Council berichtet, ist Quinoa eine proteinreiche, fettarme Getreideoption.

Es ist außerdem von Natur aus glutenfrei, reich an Ballaststoffen und liefert viele wichtige Vitamine und

Mineralstoffe, darunter Vitamin B und Magnesium. Aufgrund ihres hohen Nährstoffgehalts ist Quinoa eine wunderbare Wahl für Menschen, die sich glutenfrei oder allgemein gesund ernähren.

Unterschied zwischen weißer, roter und schwarzer Quinoa?

Für den Anfang sind alle drei Sorten gleich, wenn es um Gesundheit und Ernährung geht. Jedes ist glutenfrei, ist ein vollständiges Protein und verfügt über eine gute Dosis an Ballaststoffen und Eisen. Es gibt ein paar subtile Unterschiede, die sie voneinander unterscheiden: Kochzeit, Kaubarkeit und Geschmack.

Weißer Quinoa hat den mildesten Geschmack der drei und braucht im Allgemeinen etwa 15 Minuten zum Kochen. Roter Quinoa benötigt ein paar zusätzliche Minuten auf dem Herd, hat einen nussigeren Geschmack und hat etwas mehr Biss, während schwarzer Quinoa der nussigste der drei ist, mit dem ausgeprägtesten Geschmack und der ausgeprägtesten Textur, und von zusätzlichen 5 Minuten Kochzeit profitiert Zeit.

Sie können alle austauschbar verwendet werden, sodass es auf Ihre persönlichen Vorlieben ankommt, welche Sie auswählen

QUINOA-SALAT

1. Gemüse- und Quinoa-Bowls

Gemüse:

- 4 mittelgroße ganze Karotten.

- 1 1/2 Tassen geviertelte gelbe Säuglingskartoffeln.

- 2 Esslöffel Ahornsirup.

- 2 Esslöffel Olivenöl.

- Je 1 gesunde Prise Meersalz + schwarzer Pfeffer.

- 1 Esslöffel geschnittener frischer Rosmarin.

- 2 Tassen halbierter Rosenkohl.

Andenhirse:

- 1 Tasse weißer Quinoa gut gespült + abgetropft.

- 1 3/4 Tassen Wasser.

- 1 Prise Meersalz.

Soße:

- 1/2 Tasse Tahini.

- 1 mittelgroße Zitrone, entsaftet (Ertrag - 3 Esslöffel oder 45 ml).

- 2-3 Esslöffel Ahornsirup.

Optional zum Servieren:

- Frische Kräuter (Petersilie, Thymian usw.).

- Granatapfelkerne.

Richtungen

a) Backofen auf 204 °C vorheizen und ein Backblech mit Pergamentpapier auslegen

b) Möhren und Kartoffeln auf das Blech geben und mit der Hälfte des Ahornsirups, der Hälfte des Olivenöls, Salz, Pfeffer und Rosmarin beträufeln. Zum Integrieren werfen. Dann 12 Minuten backen.

c) In der Zwischenzeit eine Pfanne bei mittlerer Hitze erhitzen. Sobald es heiß ist, fügen Sie den gespülten Quinoa hinzu, um ihn leicht anzubraten, bevor Sie Wasser hinzufügen, um die übrig gebliebene Feuchtigkeit zu verdampfen und einen nussigen Geschmack hervorzuheben.

d) Bereiten Sie für 2-3 Minuten vor und rühren Sie häufig um. Wasser und eine Prise Salz zugeben. Zum Schluss das Dressing vorbereiten.

e) Zum Servieren Quinoa und Gemüse auf Servierschalen verteilen und mit einem großzügigen Spritzer Tahini-Sauce anrichten. Führend mit Garnituren wie Granatapfelkernen oder frischen Kräutern.

2. Quinoa, Apfel und Rosinensalat

Ausbeute: 4 Portionen

Zutaten:

- 1 Tasse Quinoa

- 1/4 Tasse gehobelte Mandeln

- 2 Esslöffel Apfelessig

- 2 Esslöffel Honig

- 1 Esslöffel Olivenöl

- 1/4 Teelöffel Salz

- 1/4 Teelöffel schwarzer Pfeffer

- 2 Tassen Grünkohl, fein gehackt

- 1 Granny-Smith-Apfel, gewürfelt

- 1/3 Tasse Rosinen

- 2 Esslöffel Petersilie, fein gehackt

Richtungen:

a) Befolgen Sie die Packungsanweisungen zum Kochen von Quinoa. Vor dem Servieren auf Zimmertemperatur abkühlen lassen.

b) In der Zwischenzeit die Mandeln in einer kleinen trockenen Bratpfanne bei mittlerer Hitze 3 Minuten rösten, oder bis sie duften. Vor dem Servieren abkühlen lassen.

c) Apfelessig, Honig, Olivenöl, Salz und Pfeffer in einer großen Rührschüssel mischen. Den gehackten Grünkohl mit den Händen 3-5 Minuten lang hineingeben, oder bis der Grünkohl weich geworden ist.

d) Geben Sie die abgekühlte Quinoa, den Apfel, die Rosinen und die Petersilie in die Apfelessig-Grünkohl-Mischung, um sie einzuarbeiten. Dienen

3. Quinoa-Salat mit Käse

Ausbeute: 4 Portionen

Zutaten:

- 1 Tasse Quinoa
- 1 Esslöffel Olivenöl
- 2 Knoblauchzehen, gehackt
- Saft von 1/2 Zitrone
- 1/8 Teelöffel Salz
- 1/8 Teelöffel schwarzer Pfeffer
- 1 Tasse Kirschtomaten, geviertelt
- 1 kleine gelbe Paprika, gewürfelt
- 1 kleine Gurke gewürfelt
- 1/2 Tasse fettreduzierter Feta-Käse, zerbröselt
- 1 Esslöffel gehackter frischer Dill

Richtungen:

a) Befolgen Sie die Packungsanweisungen zum Kochen von Quinoa. Vor dem Servieren auf Zimmertemperatur abkühlen lassen.

b) Olivenöl, Knoblauch, Zitronensaft, Salz und Pfeffer in einer großen Rührschüssel vermengen.

c) In einer Rührschüssel den gekühlten Quinoa, die Kirschtomaten, die Paprika, die Gurke, den Feta-Käse und den Dill mit dem Dressing mischen.

4. Lachs und Quinoa-Frühstück

2 Portionen

Zutaten:

- 2 große Eier, gekocht, geschält und in Scheiben geschnitten
- 1 Salatkopf Little Gem, Blätter getrennt
- ½ persische Gurke, in Scheiben geschnitten
- 4 sehr dünne Scheiben rote Zwiebel
- 3 Unzen geräucherter Lachs, grob geflockt
- ½ Tasse gekochte Quinoa oder anderes Getreide
- 2 Esslöffel Kokosöl
- 1 Esslöffel abgetropfte Kapern
- ¼ Teelöffel fein abgeriebene Zitronenschale
- 1 Esslöffel plus 2 Teelöffel frischer Zitronensaft
- Gehackter Dill
- 1 Avocado, in Scheiben geschnitten

Richtungen

a) Salat, Gurke, Zwiebel, Räucherlachs, Quinoa, Öl, Kapern, Zitronenschale und Zitronensaft in einer großen Schüssel mischen; mit Salz und Pfeffer würzen.

b) Mit Eierscheiben, Avocado und Dill toppen.

5. Kürbis, Microgreens und Quinoa-Salat

2 dient

Zutaten:

Veganes Sesam-Knoblauch-Dressing;

- 1 Esslöffel Tahini-Paste

- 2 Esslöffel Olivenöl

- 2 Knoblauchzehen

- 2 Esslöffel Oregano

- 2 Esslöffel Koriander

- $\frac{1}{2}$ Jalapeño (optional)

- 3 Esslöffel Apfelessig

- Salz und Pfeffer nach Geschmack

Gerösteter Kürbissalat;

- 1 Eichelkürbis (in mundgerechte Stücke geschnitten)

- 1 Esslöffel Olivenöl

- 1 Esslöffel rote Chiliflocken

- Salz

- $\frac{1}{2}$ Tasse Microgreens

- $\frac{1}{4}$ Tasse Quinoa, gekocht

- Salz

Richtungen

a) Heizen Sie den Ofen auf 425 Grad F vor.

b) Olivenöl über den Kürbis träufeln und gut mischen, dann den Kürbis in einer einzigen Schicht auf einem Backblech anrichten und mit Salz und Chili würzen.

c) Röste den Kürbis 25 Minuten lang.

d) Um das Dressing zuzubereiten, alle Zutaten in einer Küchenmaschine mischen und glatt pürieren.

e) Übertragen Sie den Kürbis in eine Salatschüssel, sobald er weich ist. Die Hälfte des Dressings mit dem Quinoa mischen. Kurz vor dem Servieren die Microgreens unterheben und das restliche Dressing darüber träufeln.

6. Mikrogrüner Quinoa-Salat

Zutaten:

Für den Salat:

- 1 Tasse gekochte Quinoa

- 1 Tasse Urtomaten halbiert

- 1/2 Tasse entkernte Kalamata-Oliven

- 2 1/2 Esslöffel Frühlingszwiebeln in dünne Scheiben geschnitten

- 1 Unze gekochte schwarze Bohnen

- 1/2 Avocado in kleine Quadrate geschnitten

- 2 Tassen Mikrogemüse

Für das Dressing:

- 2 große Knoblauchzehen

- 1/4 Tasse Rotweinessig

- 1/4 Tasse frische Basilikumblätter

- 1 Teelöffel koscheres Salz

- 1 Teelöffel schwarzer Pfeffer

- 1/2 Tasse Olivenöl

Richtungen

a) Kombinieren Sie in einer Küchenmaschine Rotweinessig, Knoblauch, Basilikum, Salz und Pfeffer.

b) Bei hoher Geschwindigkeit pulsieren, während das Öl langsam hinzugefügt wird, bis es emulgiert ist.

c) Die Salatzutaten mit zwei Esslöffeln Dressing mischen. Falls gewünscht, zusätzliches Dressing hinzufügen.

d) Sofort servieren oder bis zur Verwendung im Kühlschrank aufbewahren.

7. Quinoa-Rucola-Salat

Ausbeute: 6 Portionen

Zutaten:

- 1 Tasse Quinoa
- 3 Esslöffel Zitronensaft
- 3 Esslöffel Olivenöl
- 1/4 Teelöffel Pfeffer
- 1/8 Teelöffel Salz
- 2 Tassen Wassermelone, in kleine Würfel geschnitten
- 2 Tassen Baby-Rucola
- 1 Tasse Kirschtomaten, halbiert
- 1/4 Tasse frische Minze, grob gehackt
- 2 Esslöffel Walnüsse, grob gehackt

Richtungen:

a) Befolgen Sie die Packungsanweisungen zum Kochen von Quinoa. Vor dem Servieren auf Zimmertemperatur abkühlen lassen.

b) In einer kleinen Schüssel Zitronensaft, Olivenöl, Pfeffer und Salz verrühren und beiseite stellen.

c) Gekühlten Quinoa, Wassermelone, Rucola, Kirschtomaten, Minze, Walnüsse und Dressing in einer großen Rührschüssel mischen.

d) Alles zusammen anrichten, servieren und genießen!

8. Quinoa Fusilli und Tomatensalat

Ausbeute: 4 Portionen

Zutaten:

- 12 Unzen. Quinoa-Fusilli-Nudeln, gekocht

- 1/4 Tasse Kokosöl

- 4 Knoblauchzehen

- 1/4 Teelöffel zerkleinerte Paprikaflocken

- 2 Pints Traubentomaten, halbiert

- 15 oz. Cannellini-Bohnen abtropfen lassen und abspülen

- 1/2 Tasse grüne Bio-Erbsen, gekocht

- 1/2 Tasse dünn geschnittenes frisches Basilikum

- 1/2 Teelöffel Meersalz

- 1/4 Teelöffel frisch gemahlener schwarzer Pfeffer

Richtungen:

a) Erhitzen Sie das Öl in einer großen beschichteten Pfanne bei mittlerer Hitze. Fügen Sie die Knoblauch- und Pfefferflocken hinzu und kochen Sie sie unter ständigem Rühren 30 Sekunden lang oder bis sie duften.

b) Die Traubentomaten hinzufügen und 6 bis 7 Minuten köcheln lassen, dabei regelmäßig umrühren, bis sie weich sind.

c) Bohnen und Erbsen dazugeben.

d) Fügen Sie die Nudeln hinzu und kochen Sie sie 1 Minute lang, wobei Sie gelegentlich umrühren.

e) Basilikum, Salz und Pfeffer einrühren und servieren.

9. asiatischer Quinoa Salat

2 dient

Zutaten:

- 1/2 Tasse roter Quinoa, gespült

- 1/2 Tasse Tricolor oder andere Quinoa, gespült

- 2 Tassen Wasser

- 1 kleine rote Paprika, gehackt

- 1 kleine grüne Paprika, gehackt

- 1/2 Tasse langsam geröstete brasilianische Nüsse

- 1/2 Tasse gehackte Frühlingszwiebeln

- 1 Esslöffel weizenfreies Tamari mit niedrigem Natriumgehalt

- 1 Esslöffel Reisessig

- 2 Esslöffel gehackter frischer Koriander

- 1 Teelöffel Kokosöl

- 1/4 Teelöffel Meersalz

Richtungen:

a) Quinoa und Wasser in einem kleinen Topf mischen und nach Packungsempfehlung kochen.

b) 5 Minuten abkühlen lassen, bevor sie in eine Schüssel umgefüllt werden.

c) Quinoa mit Paprika, Nüssen, Frühlingszwiebeln, Tamari, Essig, Koriander, Kokosöl und Salz vermengen und mit einer Gabel auflockern.

10. Beeren-Quinoa-Salat

Zutaten:

Zitrus-Honig-Dressing:

- 1 Teelöffel Orangenschale

- 4 EL frischer Orangensaft

- 2 Esslöffel frischer Zitronensaft

- 1 Esslöffel frischer Limettensaft

- 1 Esslöffel Honig

- 1 Teelöffel fein gehackte Minze

- 1 Teelöffel fein gehacktes Basilikum

Salat:

- 2 Tassen gekochte rote Quinoa

- 1 1/2 Tassen halbierte Erdbeeren

- 1 Tasse Himbeeren

- 1 Tasse Brombeeren

- 1 Tasse Blaubeeren

- 1 Tasse gehackte Honig geröstete Zimtmandeln

- 1 Esslöffel fein gehackte Minze

- 1 Esslöffel fein gehacktes Basilikum

Richtungen

a) **Für das Dressing:** In einer kleinen Schüssel Orangenschale, Orangensaft, Zitronensaft, Limettensaft, Honig, Minze und Basilikum verquirlen. Beiseite legen.

b) Kombinieren Sie in einer großen Schüssel gekochten Quinoa, Erdbeeren, Himbeeren, Brombeeren, Blaubeeren, Mandeln, Minze und Basilikum.

c) Dressing über den Salat träufeln und nochmals vorsichtig umrühren. Dienen.

11.   Quinoa-Kichererbsen-Buddha-Bowl

Macht 2

Zutaten:

Salat:

- 1 Tasse trockene Kichererbsen, gekocht

- 1 Tasse weißer Quinoa, gekocht

- 1 großes Paket Grünkohl

Tahini-Sauce:

- 1/2 Tasse Tahini

- 1/4 Teelöffel Meersalz

- 1/4 Teelöffel Knoblauchpulver

- 1/4 Tasse Wasser

- Frischer Zitronensaft

Richtungen:

a) **Dressing machen:** Kombinieren Sie Tahini, Meersalz, Zitronensaft und Knoblauchpulver in einer kleinen Rührschüssel und verquirlen Sie alles. Dann nach und nach Wasser zugeben, bis eine gießfähige Soße entsteht.

b) Fügen Sie 1/2-Zoll-Wasser in eine mittelgroße Pfanne hinzu und fügen Sie den Grünkohl hinzu. Bei mittlerer Hitze zum Köcheln bringen.

c) Den Grünkohl sofort vom Herd nehmen und in eine kleine Schüssel geben.

d) **So stellen Sie den Salat zusammen:** Kombinieren Sie die gekochten Kichererbsen, Quinoa und Grünkohl in einer Schüssel. Das Dressing unterziehen.

12.   Geröstete Quinoa mit Gemüse

Zutaten:

- ½ Tasse Quinoa
- 1 Tasse Wasser
- 2 Esslöffel Öl
- 1/4 Esslöffel Senfkörner
- 1/4 Esslöffel Kreuzkümmel
- 1 Prise Asafetida
- 5-6 Curryblätter
- ½ Esslöffel geriebener Ingwer
- ½ Esslöffel Korianderpulver
- ½ Esslöffel Kreuzkümmelpulver
- Nach Geschmack salzen
- 1-2 Tomaten - können nebenbei kochen oder roh essen
- 1 Tasse Kartoffeln, Kohl, Blumenkohl, Karotten usw.
- Frische Kokosraspeln
- Frische Korianderblätter

Richtungen

a) Quinoa in einer Pfanne 10 bis 15 Minuten trocken rösten. Aus der Pfanne nehmen.

b) Das Öl erhitzen und die Senfkörner hinzugeben. Wenn sie aufplatzen, fügen Sie Kreuzkümmel, Asafetida, Curryblätter, Ingwer, Korianderpulver und Kreuzkümmelpulver hinzu. Gemüse zugeben und halb garen.

c) Geröstete Quinoa, Salz und Wasser hinzugeben. Zum Kochen bringen, abdecken und 10 Minuten köcheln lassen.

d) Aufdecken und 2 bis 3 Minuten kochen.

e) Mit frischer Kokosnuss nach Geschmack und Korianderblättern garnieren.

13. Guacamole und schwarze Bohnenschale

Ausbeute: 2 Portionen

Zutaten:

Guacamole:

- 1 Avocado, geschält und entkernt

- 1 Esslöffel Limettensaft

- 1/2 Teelöffel Meersalz

- 1/4 Teelöffel frisch gemahlener schwarzer Pfeffer

- 3 Esslöffel gehackter frischer Koriander

Salat:

- 1 Tasse gefrorene vorgekochte Bio-Quinoa

- 2 Tassen organische gekochte schwarze Bohnen

- 3 Esslöffel fein gehackte rote Bio-Zwiebel

- 2 Knoblauchzehen, gehackt

- 1/2 Teelöffel Kreuzkümmel

- 2 Tassen Bio-Mischgemüse oder Babyspinat

- 1 Tasse Bio-Cherry-Tomaten, halbiert

- 1 kleine rote Bio-Paprika, in Scheiben geschnitten

- 1 kleine Gurke, geschält und in dünne Scheiben geschnitten

Garnierung:

- 1 kleine Jalapeño, in dünne Scheiben geschnitten

Richtungen:

a) Die Avocado mit einer Gabel in einer mittelgroßen Schüssel zerdrücken, dann den Limettensaft, das Meersalz, den schwarzen Pfeffer und den Koriander einrühren; beiseite lassen.

b) Schwarze Bohnen, Knoblauch und Kreuzkümmel in einen großen Topf geben und kochen, bis es dampft.

c) Das Gemüse, die Tomaten, die Paprikastücke, die fein gehackte rote Zwiebel und die Gurke auf zwei Schüsseln verteilen und jeweils mit Quinoa, Bohnen und der Guacamole garnieren.

d) Mit gehacktem Jalapeno servieren.

14.   Quinoa-Kichererbsen-Buddha-Bowl

Kichererbsen:

- 1 Tasse trockene Kichererbsen.

- 1/2 Teelöffel Meersalz.

Andenhirse:

- 1 Esslöffel Oliven-, Traubenkern- oder Avocadoöl (oder Kokosnuss).

- 1 Tasse weißer Quinoa (gut gespült).

- 1 3/4 Tasse Wasser.

- 1 gesunde Prise Meersalz.

Grünkohl:

- 1 großes Paket Grünkohl

Tahini-Sauce:

- 1/2 Tasse Tahini.

- 1/4 Teelöffel Meersalz.

- 1/4 Teelöffel Knoblauchpulver.

- 1/4 Tasse Wasser.

Zum Servieren:

- Frischer Zitronensaft.

Richtungen

a) Kichererbsen entweder über Nacht in kaltem Wasser einweichen oder den Quick-Soak-Ansatz anwenden: Gespülte Kichererbsen in einen großen Topf geben und mit 2 Zoll Wasser bedecken. Abgießen, abspülen und zurück in den Topf geben.

b) Um eingeweichte Kichererbsen zu kochen, in einen großen Topf geben und mit 2 Zoll Wasser bedecken. Bei starker Hitze zum Kochen bringen, dann die Hitze auf ein Köcheln reduzieren, salzen und umrühren und unbedeckt 40 Minuten - 1 Stunde 20 Minuten kochen.

c) Probieren Sie eine Bohne nach 40 Minuten, um zu sehen, wie zart sie ist. Sie suchen nach einer einfach zarten Bohne mit ein wenig Biss, und die Schalen zeigen Anzeichen von Schälen. Sobald die Bohnen zubereitet sind, die Bohnen abtropfen lassen und beiseite stellen und mit etwas mehr Salz bestreuen.

d) Bereiten Sie das Dressing vor, indem Sie Tahini, Meersalz und Knoblauchpulver in eine kleine Rührschüssel geben und verquirlen, um es zu integrieren. Dann nach und nach Wasser zugeben, bis eine gießfähige Soße entsteht.

e) 1/2-Zoll-Wasser in eine mittelgroße Pfanne geben und bei mittlerer Hitze zum Köcheln bringen. Den Grünkohl sofort vom Herd nehmen und zum Servieren in eine kleine Schüssel geben.

15.   Thailändischer Quinoa-Salat

Für den Salat:

- 1/2 Tasse gekochte Quinoa

- 3 Esslöffel geriebene Karotte.

- 2 Esslöffel Paprika, sorgfältig in Scheiben geschnitten.

- 3 Esslöffel Gurke, fein geschnitten.

- Wenn gefroren, 1/2 Tasse Edamame aufgetaut.

- 2 Frühlingszwiebeln, fein gehackt.

- 1/4 Tasse Rotkohl, fein geschnitten.

- 1 Esslöffel Koriander, sorgfältig gehackt.

- 2 Esslöffel geröstete Erdnüsse, gehackt (optional).

- Salz schmecken.

Thai-Erdnuss-Dressing:

- 1 Esslöffel cremige natürliche Erdnussbutter.

- 2 Teelöffel salzarme Sojasauce.

- 1 Teelöffel Reisessig.

- 1/2 Teelöffel Sesamöl.

- 1/2 - 1 Teelöffel Sriracha-Sauce (optional).

- 1 Knoblauchzehe, sorgfältig gehackt.

- 1/2 Teelöffel geriebener Ingwer.

- 1 Teelöffel Zitronensaft.

- 1/2 Teelöffel Agavendicksaft (oder Honig).

Richtungen:

a) Thai-Erdnuss-Dressing zubereiten:

b) Kombinieren Sie alle Zutaten für das Tragen einer kleinen Schüssel und mischen Sie, bis alles gut vermischt ist.

c) Um den Salat zu machen:

d) Quinoa mit dem Gemüse in eine Rührschüssel geben. Fügen Sie das Dressing hinzu und mischen Sie es gut, um es zu integrieren.

e) Die gerösteten Erdnüsse darüber sprühen und servieren!

16.   Safran Quinoa und Rübensalat

Ausbeute: 6 Portionen

Zutaten:

- 6 Esslöffel Natives Olivenöl extra

- 2 Esslöffel frischer Zitronensaft

- 2 kleine Knoblauchzehen; gehackt

- $\frac{1}{2}$ Teelöffel grobes Salz

- $\frac{1}{2}$ Teelöffel gemahlener Kreuzkümmel

- $\frac{1}{4}$ Teelöffel Paprikaflocken

- 4 kleine Rote Bete mit Gemüse befestigt

- 1 Tasse Quinoa gekocht mit Safran

- 2 Tassen Gemüsebrühe

- 5 Teelöffel Olivenöl

- 2 Unzen Dünn geschnittene Schalotten

- 3 mittelgroße Knoblauchzehe; gehackt

- $1\frac{1}{2}$ Esslöffel frischer Zitronensaft

- $\frac{1}{4}$ Teelöffel Salz

Richtungen:

a) Wickeln Sie jede Rübe einzeln in Folie und backen Sie sie, bis sie weich sind, wenn Sie sie mit einem dünnen Messer durchbohren, 45 Minuten bis 1 Stunde. Rüben schälen und in eine kleine Schüssel geben, 2 bis 3 Esslöffel Marinade hinzufügen und vorsichtig schwenken. Quinoa hinzufügen

b) 3 Teelöffel Olivenöl bei mittlerer Hitze erhitzen. Schalotten zugeben und unter häufigem Rühren ca. 3 Minuten knusprig braten. Fügen Sie Knoblauch und Rübengrün hinzu. Zitronensaft und Salz einrühren. Pfeffern.

17. Salat aus schwarzen Bohnen und Quinoa

Zutaten:

- 5 Esslöffel Olivenöl

- $\frac{1}{2}$ Tasse Quinoa; gespült

- 1 Tasse Hühner- oder Gemüsebrühe

- $\frac{1}{4}$ Teelöffel gemahlener Kreuzkümmel

- 2 Esslöffel Limettensaft

- 1 Tasse Gekochte oder schwarze Bohnen aus der Dose

- 1 Tasse Vollkornmais

- 1 große reife Tomate

- 1 kleine süße rote Paprika

- 2 Frühlingszwiebeln; fein gehackt

- 3 Esslöffel Gehackte Korianderblätter

- 2 Tassen gemischter Blattsalat

Richtungen:

a) 1 EL Öl bei mittlerer Hitze erhitzen. Fügen Sie Quinoa hinzu und rühren Sie, bis es geröstet und aromatisch ist – etwa 5 Minuten. Brühe, Kreuzkümmel und Salz einrühren; bei starker Hitze zum Sieden erhitzen. Hitze auf niedrig reduzieren, zudecken und köcheln lassen, bis die Flüssigkeit absorbiert ist – etwa 15 Minuten.

b) In einer mittelgroßen Schüssel die restlichen 4 Esslöffel Öl, den Limettensaft und den schwarzen Pfeffer verquirlen.

Rühren Sie schwarze Bohnen, Mais, Tomaten, rote Paprika, Frühlingszwiebeln, Koriander, gehackte Petersilie und gekochten Quinoa ein.

c) Zum Servieren das Gemüse auf 4 Salatteller verteilen. Löffel Quinoa-Mischung auf Gemüse.

18.   Zitrus-Quinoa-Salat

Ausbeute: 4 Portionen

Zutaten:

- 1 Tasse Quinoa, gekocht

- 1 Tasse gewürfelte (ungeschälte) Gurke

- $\frac{1}{2}$ Tasse gewürfelte Feigen oder getrocknete Aprikosen

- $\frac{1}{2}$ Tasse Mandarinenstücke

- $\frac{1}{4}$ Tasse Sonnenblumenkerne

- 2 Frühlingszwiebeln; gewürfelt

- 2 Esslöffel Gehackter frischer Koriander

- 1 Teelöffel geriebene Zitronen- oder Limettenschale

- 3 Esslöffel Zitronen- oder Limettensaft

- 3 Tropfen Sesamöl; mehr oder weniger

- 1 Teelöffel Kristallzucker

- $\frac{1}{4}$ Teelöffel gemahlener Kreuzkümmel

- $\frac{1}{4}$ Teelöffel gemahlener Koriander

Richtungen:

a) Kombinieren Sie in einer Salatschüssel Quinoa, Gurke, Feigen, Orangenstücke, Sonnenblumenkerne, Zwiebeln und Koriander.

b) Dressing: In einer kleinen Schüssel Zitronenschale und -saft, Sesamöl, Zucker, Kreuzkümmel und Koriander mischen;

über den Salat gießen und vermischen. Sofort servieren oder abdecken und bis zu 3 Tage im Kühlschrank aufbewahren.

19.   Amaranth-Quinoa-Salat

Ausbeute: 4 Portionen

Zutaten:

- 1 Tasse Quinoa, gekocht

- 1 Esslöffel Pflanzenöl

- Dill-Dressing

- 1 Esslöffel Amaranth

- 6 kleine Radieschen, in Scheiben geschnitten

- 1 kleine Gurke

- $\frac{1}{4}$ Pfund Jarlsberg-Käse

- Frische Dillzweige

Richtungen:

a) Um Amaranth zu knallen, verwenden Sie einen kleinen schweren Topf. Erhitzen Sie den trockenen Topf bei mittlerer bis hoher Hitze, bis er sehr heiß ist. Verwenden Sie einen kleinen Backpinsel, um die Samen in Bewegung zu halten und sie vor dem Anbrennen zu bewahren, fügen Sie den Amaranth hinzu und rühren Sie sofort um und kochen Sie, bis die Samen platzen.

b) Dill-Dressing, Radieschen, Gurke und Käse zum abgekühlten Quinoa in einer großen Schüssel geben. Amaranth in den Salat geben. Salat in eine Servierschüssel geben.

c) Dill-Dressing: In einem Glas mit dicht schließendem Deckel die Dressing-Zutaten mischen. Abdecken und schütteln, bis alles gut vermischt ist.

20.   Auberginen mit Quinoa

Ausbeute: 4 Portionen

Zutaten:

- 2 Auberginen, gekocht

- 1 Tasse Quinoa, gekocht

- 1 kleine Zwiebel

- 2 Knoblauchzehen; gehackt

- 1 Poblano-Pfeffer

- 1 Banane oder ungarischer Pfeffer

- $\frac{1}{2}$ Tasse Tomatenpüree oder Tomatensauce

- Frischer Pfeffer und Salz nach Geschmack

- $\frac{1}{4}$ Tasse gemahlene Walnüsse

- 1 Tasse gekochte Kichererbsen

- Prise Weizenmehl und Glutenmehl

Richtungen:

a) Die Aubergine innen würfeln und zum Anbraten beiseite stellen.

b) In einer großen Bratpfanne das Wasser hinzufügen und bei mittlerer Hitze erhitzen. Dann die Zwiebel, den Knoblauch, die Paprika und das Innere der Aubergine hinzugeben und anbraten, dabei nach Bedarf etwas mehr Wasser hinzufügen.

c) Dann das Tomatenpüree, Salz, Pfeffer, Walnüsse und Kichererbsen hinzugeben.

d) Zugedeckt etwa 5 Minuten köcheln lassen, gelegentlich umrühren. Die gekochte Quinoa, das Weizenmehl und das Glutenmehl zum Gemüsesauté geben und gut umrühren. Die Auberginenschalen mit der Quinoa-Mischung füllen. Backen.

21.   Quinoa-Sommersalat

Ausbeute: 1

Zutaten:

- 4 Tassen Gekochte AM-Quinoa

- $\frac{1}{2}$ Tasse geschälte Pekannüsse

- $\frac{1}{2}$ Tasse gehackte Frühlingszwiebel

- $\frac{1}{2}$ Tasse Geschnittene schwarze Oliven

- $\frac{3}{4}$ Tasse geschnittene Pilze

- $\frac{3}{4}$ Tasse Rosinen in heißem Wasser aufgeschüttet

- $\frac{1}{4}$ Tasse Zitronensaft

- 2 Esslöffel Tamari

- $\frac{1}{3}$ Tasse Unraffiniertes Olivenöl

- $\frac{1}{4}$ Teelöffel Pfeffer

Richtungen:

a) Mischen Sie die ersten sechs Zutaten in einer großen Schüssel zusammen. In einem separaten Behälter die letzten vier Zutaten mischen. Die Flüssigkeiten über den Salat gießen und vorsichtig mischen.

b) Für den besten Geschmack vor dem Servieren etwa eine Stunde im Kühlschrank ruhen lassen.

22. Quinoa mit Tempeh-Nuggets

Ausbeute: 1 Portionen

Zutaten:

- $1\frac{1}{2}$ Tasse Quinoa, gekocht

- $1\frac{1}{2}$ Tasse frische oder gefrorene Maiskörner;

- Tempeh Adobo-Nuggets

- 1 Tasse rote Paprika; fein gewürfelt

- $\frac{1}{2}$ Tasse rote Zwiebel; fein gewürfelt

- $\frac{1}{2}$ Tasse Koriander; dicht gepackt, gehackt

- 1 Jalapenopfeffer; entkernt, fein gewürfelt

- $\frac{1}{4}$ Tasse Limetten-Shoyu-Vinaigrette

- 2 Esslöffel frischer Limettensaft

- Radicchio; für garnieren

Richtungen:

a) Fügen Sie den Mais zum Quinoa hinzu und kochen Sie ihn, bis er weich, aber immer noch knusprig ist.

b) Wenn die Quinoa keinen Dampf mehr abgibt, werfen Sie die Tempeh-Nuggets, die rote Paprika, die Zwiebel, den Koriander, die Jalapeno und genug Vinaigrette hinein, um die Zutaten leicht zu bedecken. Nach Belieben den Limettensaft hinzufügen. Warm oder bei Zimmertemperatur auf einem Radicchiobett servieren.

23.   Quinoa Tabouleh-Salat

Ausbeute: 10 Portionen

Zutaten:

- 2 Tassen Quinoa; gespült

- $\frac{3}{4}$ Tasse Frische Petersilie, gehackt

- $\frac{3}{4}$ Tasse reife Tomaten; gewürfelt

- 1 Gurke; geschält, entkernt und gewürfelt

- 1 Bund Frühlingszwiebeln; gehackt

- 5 Zweige frische Minze; gehackt

- 4 Esslöffel Natives Olivenöl Extra

- 2 Esslöffel Pflaumenessig

- 2 Knoblauchzehen geschält und gepresst

Richtungen:

a) Quinoa nach Packungsanweisung kochen. Cool. Kombinieren Sie Quinoa, Petersilie, Tomaten, Gurken, Knoblauch, Frühlingszwiebeln und Minze. Gut mischen.

b) Olivenöl, Ume Pflaumenessig und Knoblauch mischen und unter den Salat mischen.

24. Ensalada mit Quinoa

Ausbeute: 7 Portionen

Zutaten:

- 2 Tassen gekochte Quinoa

- ⅓ Tasse Limettensaft

- 2 Aji-Chili

- ⅔ Tasse Olivenöl

- 2 mittelgroße Gurken

- 1 große Tomate; Samen entfernt, gewürfelt

- 8 Frühlingszwiebeln; weiß nur dünn geschnitten

- ⅓ Tasse italienische Petersilie; frisch, Hackfleisch

- ⅓ Tasse Minze; frisch gehackt

- Salz und schwarzer Pfeffer

- 2 Köpfe Bibb-Salat; Fetzen

- 3 Eier; hart gekocht und in dünne Scheiben geschnitten

- 2 frische Ähren

- 1 Tasse schwarze Oliven; dick geschnitten

Richtungen:

a) Limettensaft, Chili und Olivenöl verquirlen und beiseite stellen.

b) Kombinieren Sie Quinoa, Gurken, Tomate, Frühlingszwiebeln, Petersilie und Minze und mischen Sie vorsichtig. Gießen Sie die Limettensaftmischung darüber und schwenken Sie sie erneut. mit Salz und frisch gemahlenem schwarzem Pfeffer abschmecken.

c) Zum Servieren des Salats einen Haufen zerkleinerten Bibb-Salat auf 6 oder 8 einzelne Teller geben und mit einer oder allen der vorgeschlagenen Beilagen garnieren.

25. Fenchel-Quinoa-Salat

Ausbeute: 1 Portionen

Zutaten:

- 3 Tassen gekochte Quinoa

- 1 Tasse Gehackte Fenchelknolle

- 2 Esslöffel Gehackte Schalotten

- 1 Teelöffel geriebene Zitronenschale

- 1 Teelöffel Geriebene Orangenschale

- ⅔ Tasse Frischer Orangensaft

- 2 Esslöffel frischer Zitronensaft

- ¼ Tasse Gehackter frischer Basilikum

- 2 Teelöffel Olivenöl

- ¼ Teelöffel Salz

- ⅛ Teelöffel Pfeffer

- 2 Tassen Orangenschnitte

- ¼ Tasse Gehackte Walnüsse, geröstet

Richtungen:

a) Kombinieren Sie Quinoa, Fenchel und Schalotten in einer großen Schüssel; beiseite legen.

b) Kombinieren Sie in einer kleinen Schüssel die nächsten 8 Zutaten (Zitronenschale bis Pfeffer); gut umrühren.

c) Über die Quinoa-Mischung gießen und gut vermengen. Löffel 1 Tasse Salat auf jeden der vier Teller.

d) Ordnen Sie $\frac{1}{2}$ Tasse Orangenstücke um jeden Salat herum an; Jeden Salat mit 1 EL Walnüssen bestreuen.

26.   Rio Grande-Quinoa-Salat

Ausbeute: 4 Portionen

Zutaten:

- 3 Esslöffel Zitronensaft

- 3 Esslöffel Olivenöl

- 3 Esslöffel Koriander, gehackt

- Meersalz

- Frisch gemahlener schwarzer Pfeffer

- 1 Tasse frischer oder gefrorener Mais

- $\frac{1}{2}$ Tasse Quinoa, gekocht mit Kreuzkümmel

- 1 Tasse Gekochte schwarze Bohnen

- 1 mittelgroße Tomate; gewürfelt

- 3 Esslöffel Rote Zwiebel, gehackt

Richtungen:

a) Zitronensaft, Olivenöl, Koriander sowie Salz und Pfeffer nach Geschmack verquirlen; beiseite legen.

b) Bringen Sie in einem kleinen Topf 1-$\frac{1}{2}$ Tassen Wasser zum Kochen und fügen Sie den Mais hinzu.

c) Hitze reduzieren und den Mais köcheln lassen, bis er weich ist. Mais abtropfen lassen, dabei 1 Tasse Kochflüssigkeit auffangen.

d) In einer Schüssel abgekühlten Quinoa, Mais, schwarze Bohnen, Tomate und Zwiebel vermengen. Dressing darüber gießen und vorsichtig mischen. Salat bis zum Servieren kalt stellen

27.   Fruchtiger Quinoa-Salat

Ausbeute: 4 Portionen

Zutaten:

- 3 Tassen Quinoa, gekocht
- $8\frac{3}{4}$ Unze Dose Aprikosenhälften, abgetropft
- 1 Marineorange, geschnitten
- 1 Tasse kernlose rote Trauben, halbiert
- $\frac{1}{4}$ Tasse Frühlingszwiebeln, in Scheiben geschnitten
- $\frac{1}{4}$ Tasse frische Petersilie, gehackt
- $\frac{1}{4}$ Teelöffel Schwarzer Pfeffer
- Salz

Richtungen:

a) Quinoa, Aprikosen, Orangen, Weintrauben, Frühlingszwiebeln, Petersilie und schwarzen Pfeffer in einer mittelgroßen Schüssel mischen.

b) Nach Belieben mit Salz abschmecken.

28.   Kräuter-Quinoa-Salat

Ausbeute: 4 Portionen

Zutaten:

- $1\frac{1}{2}$ Tasse Erbsen oder Bohnen

- 3 Tassen Kalter, gekochter Quinoa

- $\frac{1}{2}$ Tasse zerbröselter fettarmer Ziegenkäse

- ⅓ Tasse Gehackte frische Petersilie

- ⅓ Tasse Gehackter frischer Estragon

- ⅓ Tasse Geschnittener frischer Schnittlauch

- ⅓ Tasse Zitronensaft

- 1 Esslöffel natives Olivenöl extra

Richtungen:

a) In einem 2-Liter-Topf bei starker Hitze 1 Liter Wasser zum Kochen bringen. Fügen Sie die Erbsen hinzu. Etwa 4 Minuten kochen, oder bis sie weich sind; nicht überkochen. Abgießen und unter kaltem Wasser abspülen.

b) Quinoa in eine große Schüssel geben. Erbsen, Ziegenkäse, Petersilie, Estragon und Schnittlauch dazugeben. Leicht werfen.

c) In einer Tasse Zitronensaft und Olivenöl verquirlen. Über den Salat geben.

d) Reduzieren Sie die Hitze auf niedrig, decken Sie die Pfanne ab und kochen Sie sie 10-15 Minuten lang oder bis sie weich, aber nicht matschig sind. Restliche Flüssigkeit abgießen. Mit einer Gabel auflockern, um die Körner zu trennen. Vor dem Kombinieren im Salat abkühlen lassen.

29.   Jicama-Quinoa-Salat

Zutaten:

- 4 Unzen Zuckerschoten
- 1 Pfund Jicama; geschält u
- ½ Tasse frischer Orangensaft
- 1 Esslöffel frischer Zitronensaft
- 1 Esslöffel brauner Reisessig
- ½ Teelöffel grobes Salz
- 12 Cherry- und/oder gelbe Birnentomaten
- 1½ Tasse gekochte Quinoa
- ½ Tasse Gehackter frischer Koriander
- 2 Prisen Cayennepfeffer oder Spritzer scharfe Soße

Richtungen:

a) Einen kleinen Topf mit Wasser zum Kochen bringen. Zuckerschoten hinzufügen und 1 Minute kochen. Abgießen, unter fließendem kaltem Wasser abspülen, bis es abgekühlt ist, und erneut abtropfen lassen.

b) Diagonal quer halbieren. Beiseite legen.

c) In einer großen Schüssel Jicama, Orangen- und Zitronensaft, Essig und Salz mischen und mischen. Zuckerschoten, Kirschtomaten, Quinoa, Koriander und Cayennepfeffer dazugeben. Zum Kombinieren vorsichtig, aber gründlich schwenken, nach Geschmack würzen und servieren.

30.   Minz-Quinoa-Obstsalat

Ausbeute: 4 Portionen

Zutaten:

- ¼ Teelöffel Salz

- 6 Unzen Quinoa; ungekocht

- ⅓ Tasse Minze; gehackt

- ¼ Tasse Joghurt

- 2 Esslöffel Orangensaft

- 1½ Tasse Erdbeeren; geschnitten

- 2 mittelgroße Kiwis

- 1 Tasse Mandarinen

Richtungen:

a) In einem mittelgroßen Topf 2 Tassen Wasser und das Salz zum Kochen bringen; Quinoa hinzufügen. Reduzieren Sie die Hitze auf niedrig; 15 Minuten köcheln lassen, bis Quinoa durchscheinend ist. In einer Küchenmaschine oder einem Mixer Minze, Joghurt und Saft mischen und glatt pürieren. Beiseite legen.

b) Sechs Erdbeerscheiben und drei Kiwischeiben zum Garnieren beiseite legen. Kombinieren Sie in einer großen Servierschüssel die restlichen Erdbeeren, die restlichen Kiwis und die Mandarinenstücke. Joghurtsauce über die Fruchtmischung gießen; zum Überziehen werfen. Fügen Sie gekochte Quinoa hinzu; vorsichtig schwenken, um sich gut zu vermischen.

c) Mit reservierten Erdbeer- und Kiwischeiben garnieren. Zugedeckt 1-2 Stunden kühl stellen, bis es vollständig gekühlt ist.

31.   Minziger Orangen-Quinoa-Salat

Ausbeute: 6 Portionen

Zutaten:

- 3 große Orangen

- 1 Tasse Babykarotten; dünn geschnitten

- 2 Tassen Gekochte Quinoa; Hirse oder anderes

- 6 Stangen Sellerie; dünn geschnitten

- $\frac{1}{4}$ Tasse Honig-Senf-Dressing

- 3 Esslöffel frischer Limettensaft

- $\frac{1}{4}$ Tasse Gehackte frische Minze

- Römersalat oder andere Salatblätter

Richtungen:

a) Kombinieren Sie alle Zutaten außer den Salatblättern in einer Servierschüssel.

b) Servieren Sie den Salat auf einem Salatbett oder schneiden Sie den Salat klein und mischen Sie ihn vor dem Servieren mit dem Salat.

32. Quinoa-Garnelen-Salat

Ausbeute: 4 Portionen

Zutaten:

- 1 Tasse Quinoa, gekocht
- ½ Pfund Garnelen; gekocht; in 1/2-Zoll-Würfeln
- ½ Tasse frischer Koriander; fein gehackt
- ¼ Tasse frischer Schnittlauch oder Frühlingszwiebeln
- je 1 Jalapeno-Pfeffer; gehackt
- je 1 Knoblauchzehe; gehackt
- 1 Teelöffel Salz
- ½ Teelöffel Schwarzer Pfeffer
- 3 Esslöffel Limettensaft
- 1 Esslöffel Honig
- 1 Esslöffel Sojasauce
- 2 Esslöffel Olivenöl

Richtungen:

a) Für das Dressing Jalapeno, Knoblauch, Salz, Pfeffer, Limettensaft, Honig, Sojasauce und Olivenöl verquirlen. Vorsichtig mit Quinoa vermengen.

b) Nach Geschmack würzen.

33.　　　Quinoa und Salpicon

Ausbeute: 1 Charge

Zutaten:

- 2 Tassen gekochte Quinoa

- 8 Tassen; Wasser

- 1 Tasse Geschälte, entkernte Gurkenwürfel

- 1 Tasse entkernte und gewürfelte Tomate

- $\frac{1}{4}$ Tasse frischer Limettensaft

- $\frac{1}{4}$ Teelöffel gemahlener weißer Pfeffer

- 1 frischer Chili; entkernt und zerkleinert

- $\frac{1}{2}$ Tasse Fein geschnittene Frühlingszwiebeln

- ⅓ Tasse Gehackte frische italienische Petersilie

- ⅓ Tasse Gehackte frische Minzblätter

- 1 Teelöffel grobes Salz

- $\frac{1}{2}$ Tasse Olivenöl

Richtungen:

a) In einer Schüssel Limettensaft, Pfeffer, Chili und Salz verquirlen. Das Olivenöl nach und nach unter ständigem Rühren hinzugeben. Beiseite legen.

b) Wenn das Getreide abgekühlt ist, stellen Sie den Salat zusammen. Quinoa mit Gurke, Tomate, Frühlingszwiebeln,

Petersilie und Minze in eine Schüssel geben. Mischen Sie die Zutaten, fügen Sie dann die Vinaigrette hinzu und mischen Sie gründlich.

c) Mit Salz und weißem Pfeffer abschmecken

34. Quinoa-Fiesta-Salat

Ausbeute: 1 Portion

Zutaten:

- 1 Tasse Quinoa, gekocht
- 2 Tassen Wasser
- 1 rote Paprika; entkernt, entkernt und gewürfelt
- 1 Karotte
- 6 Schalotten
- $\frac{1}{4}$ Tasse gekochter Mais
- $\frac{1}{2}$ Tasse Johannisbeeren
- 2 Esslöffel frische Petersilie
- 1 Knoblauchzehe; geschält und gehackt
- 1 Teelöffel Kreuzkümmel
- 2 Esslöffel Ahornsirup
- 1 Esslöffel frischer Zitronensaft
- 1 Esslöffel Reisessig
- 2 Esslöffel Himbeeressig

Richtungen:

a) Braten Sie den Knoblauch in einer Bratflüssigkeit Ihrer Wahl für 2 Minuten an. Kreuzkümmel dazugeben und eine weitere Minute anbraten. Süßstoff zugeben, zum Schmelzen rühren, vom Herd nehmen und abkühlen lassen. Zitronensaft und Essig hinzufügen. Gut mischen und zusammen mit dem Gemüse, der Petersilie und den Johannisbeeren auf Quinoa geben.

b) Mischen Sie vorsichtig, aber gründlich. Sofort servieren oder zum Kühlen in den Kühlschrank stellen. Auf einem Bett aus Gemüse servieren.

35.　　Quinoa-Mandarinensalat

Ausbeute: 1 Portion

Zutaten:

- 1 Tasse gekochte Quinoa

- 1 Dose Mandarine

- 6 Oz; (2 Tassen) frische Erbsenschoten

- ⅓ Tasse Geschnittene Frühlingszwiebeln

- Blatt Salatblätter

- 1 Esslöffel Honig

- ¼ Teelöffel Salz

- 3 Esslöffel Apfelessig

- 2 Esslöffel Rapsöl

- ⅛ Teelöffel Paprikaflocken

Richtungen:

a) Kombinieren Sie in einem mittelgroßen Topf die Mischung aus Quinoa und Orangenflüssigkeit. Erbsenschoten und Zwiebeln unterrühren. 10 Minuten abkühlen.

b) In der Zwischenzeit in einem kleinen Glas mit dicht schließendem Deckel alle Zutaten für das Dressing mischen und gut schütteln. Bis zum Servieren kühl stellen.

c) Im med. Schüssel, Quinoa-Mischung und Mandarinenstücke mischen. Abdeckung; Kühlen Sie mindestens 1 Stunde oder bis gekühlt.

d) Kurz vor dem Servieren 4 einzelne Salatteller mit Salat auslegen. Dressing über den Salat gießen, vorsichtig umrühren. Salat auf Salatteller verteilen. 4 (1-$\frac{1}{2}$ Tasse) Portionen

36.   Quinoa-Oliven-Medley

Ausbeute: 8 Portionen

Zutaten:

- 2 Tassen Eden Quinoa; gespült

- ⅔ Tasse Schwarze Oliven; in Hälften schneiden

- ⅔ Tasse Grüne Oliven; in Hälften schneiden

- ¼ Tasse Pinienkerne; leicht geröstet

- 1 Bund Frühlingszwiebeln; fein gehackt

- ¼ Tasse Petersilie; fein gehackt

- ½ kleine rote Paprika in dünne Streifen geschnitten

- 2 Knoblauchzehen; fein gehackt

- 2 Esslöffel Natives Olivenöl Extra

- 4 Esslöffel Pflaumenessig

Richtungen:

a) Quinoa nach Packungsanweisung kochen. Abkühlen lassen, dann die restlichen Zutaten untermischen, Ume-Essig zuletzt hinzufügen und nach Geschmack würzen.

b) Köstlich als Salat oder Beilage

37.   Mit Quinoa gefüllte Zwiebeln

Ausbeute: 6 Portionen

Zutaten:

- 12 mittelgroße Zwiebeln; geschält

- $\frac{1}{2}$ Tasse Quinoa; gekocht

- 1 Tasse; Wasser

- $\frac{1}{4}$ Teelöffel Meersalz

- 2 Knoblauchzehen; gehackt (opt.)

- $\frac{1}{2}$ Tasse Pilze; geschnitten

- $\frac{1}{2}$ Tasse Sellerie; geschnitten

- 2 EL Mais- oder Olivenöl

- $\frac{1}{2}$ Tasse Kichererbsen; gekocht

- 1 Tasse Walnüsse; geröstet

- 2 Teelöffel Sojasauce

- 2 Teelöffel brauner Reisessig

Richtungen:

a) Das Innere der Zwiebeln mit einem Apfelausstecher aushöhlen, den Boden intakt lassen und das Innere zurückbehalten. Die ausgehöhlten Zwiebeln weich dünsten und dabei $\frac{3}{4}$ Tasse Kochflüssigkeit auffangen.

b) Reservierte Zwiebeln fein hacken. Gehackte Zwiebeln, Knoblauch, Champignons und Sellerie in Öl 15 Minuten oder bis sie weich sind anbraten. Quinoa und Kichererbsen untermischen und erhitzen (ca. 5 Minuten).

c) Zwiebeln mit Quinoa-Mischung füllen. Walnüsse in einer Küchenmaschine zerkleinern und Sojasauce und Essig zu einer cremigen Mischung mischen. Beiseite gestellte Kochflüssigkeit einrühren. Die Mischung in einen Topf geben und unter ständigem Rühren erhitzen. Über die gefüllten Zwiebeln gießen, garnieren und servieren.

38.   Mit Quinoa gefüllte Tomaten

Ausbeute: 4 Portionen

Zutaten:

- 4 Fleischtomaten
- Salz
- 2 Tassen gekochte Quinoa
- 2 Kirby (eingelegte) Gurken;
- ⅓ Tasse Gehackte frische Petersilie
- ⅓ Tasse Gehackte frische Minze
- 2 Frühlingszwiebeln; fein geschnitten
- ¼ Tasse Brühe
- 2 Esslöffel frischer Limettensaft
- Frischer Jalapenopfeffer

Richtungen:

a) Die ausgehöhlten Tomaten innen salzen und kopfüber auf einem Gitter abtropfen lassen. Kombinieren Sie in einer Rührschüssel Quinoa, Gurken, Petersilie, Kräuter und Frühlingszwiebeln. Aus Brühe, Limettensaft, Jalapenopfeffer ein Dressing zubereiten und mit Gemüse und Quinoa mischen. Mit Salz und Pfeffer abschmecken.

b) Tomaten mit dem Salat füllen und jeder Person eine Tomate servieren.

39. Beeren-Quinoa-Salat

Zutaten:

Zitrus-Honig-Dressing:

- 1 Teelöffel Orangenschale

- 4 EL frischer Orangensaft

- 2 Esslöffel frischer Zitronensaft

- 1 Esslöffel frischer Limettensaft

- 1 Esslöffel Honig

- 1 Teelöffel fein gehackte Minze

- 1 Teelöffel fein gehacktes Basilikum

Für den Salat:

- 2 Tassen gekochte rote Quinoa

- 1 1/2 Tassen halbierte Erdbeeren

- 1 Tasse Himbeeren

- 1 Tasse Brombeeren

- 1 Tasse Blaubeeren

- 1 Tasse Honig geröstete Zimtmandeln

- 1 Esslöffel fein gehackte Minze

- 1 Esslöffel fein gehacktes Basilikum

Richtungen:

a) Zuerst das Dressing zubereiten. In einer kleinen Schüssel oder einem Glas Orangenschale, Orangensaft, Zitronensaft, Limettensaft, Honig, Minze und Basilikum verquirlen. Beiseite legen.

b) Kombinieren Sie in einer großen Schüssel gekochten Quinoa, Erdbeeren, Himbeeren, Brombeeren, Blaubeeren, Mandeln, Minze und Basilikum. Vorsichtig umrühren. Zitrus-Honig-Dressing über den Salat träufeln und nochmals vorsichtig umrühren. Dienen.

40. Snack Bowl mit schwarzen Bohnen und Quinoa

Zutaten:

- $\frac{1}{4}$ Tasse Quinoa (40 g), gekocht

- $\frac{1}{4}$ Tasse schwarze Bohnen (40 g)

- $\frac{1}{4}$ Tasse rote Zwiebel (35 g), gewürfelt

- 2 Esslöffel Mais

- 1 Esslöffel frischer Koriander

- 1 Teelöffel Limettensaft

- Salz, nach Geschmack

- Pfeffer, nach Geschmack

Richtungen:

a) Kombinieren Sie alle Zutaten: in einer kleinen Schüssel.

b) Mischen, bis alles vermischt ist, und servieren.

c) Genießen!

41.   Herbst Quinoa und Butterbohnen

Zutaten:

- $\frac{1}{2}$ Tasse Quinoa

- 2 Esslöffel Margarine

- $\frac{3}{4}$ Tasse Fein gehackte Zwiebel

- $\frac{3}{4}$ Tasse Orangensaft Wasser

- 2 Esslöffel Honig

- $\frac{1}{2}$ Teelöffel Salz

- Prise Koriander/Kardamom/Muskatnuss

- 1 Tasse gewürfelte Süßkartoffel (1/2" Stücke)

- 1 Tasse gewürfelter Butternusskürbis

- 1$\frac{1}{2}$ Tasse gekochte/konservierte Butterbohnen

- $\frac{1}{4}$ Tasse Gehackte Preiselbeeren

Richtungen:

a) Schmelzen Sie die Margarine in einem 2-Liter-Topf bei mittlerer Hitze. Fügen Sie die Zwiebel und den Ingwer hinzu und kochen Sie sie unter Rühren, bis die Zwiebel weich ist.

b) Orangensaft, Wasser, Honig, Salz, Koriander, Kardamom und Muskatnuss einrühren; zum Kochen bringen. Rühren Sie die Süßkartoffel und den Kürbis ein; zum Kochen bringen. Garen, unbedeckt, 7 Minuten. Butterbohnen und Quinoa einrühren und wieder aufkochen.

c) Hitze reduzieren und zugedeckt 15 Minuten köcheln lassen. Die Preiselbeeren einrühren; zugedeckt 5 Minuten länger köcheln lassen.

42. Gebackene Mini-Kürbisse

Zutaten:

- 8 Mini-Kürbisse

- 1½ Tasse Milch und 3 Eier

- 1 Prise Salz

- ½ Tasse hellbrauner Zucker

- 1 Teelöffel Vanilleextrakt

- 1¾ Tasse Gekochte Quinoa

- ½ Teelöffel Zimt

- ¼ Teelöffel Kürbiskuchengewürz

- 1 mittelgroßer Apfel geschält, fein gehackt

- 6 bis 8 getrocknete Feigen, gewürfelt

- ½ Tasse geröstete Pekannüsse

- 1 Tasse Sahne

- 1 Esslöffel feiner Zucker

- 1 Teelöffel Weinbrand

Richtungen:

a) Milch und Eier in eine große Rührschüssel geben und verquirlen. Salz, Zucker, Vanille zugeben und nochmals verquirlen. Dann den gekochten Quinoa und die restlichen Zutaten außer Schlagsahne, Zucker und Brandy unterrühren.

b) Füllen Sie jeden Kürbis mit 4-5 Esslöffeln der Füllung. Gießen Sie 1 Zoll kochendes Wasser auf den Boden der Pfannen und backen Sie für 45-60 Minuten. Sahne und Zucker mit einem Schneebesen steif schlagen. Dann den Brandy unterschlagen und beiseite stellen.

43.   Einfache Quinoa

Ausbeute: 1 Portion

Zutaten:

- 1 Tasse Quinoa

- 2 Tassen Bouillon

Richtungen:

a) Bouillon zum Kochen bringen, Quinoa einrühren und wieder aufkochen.

b) Hitze reduzieren, zudecken und 10-15 Minuten köcheln lassen, oder bis die Flüssigkeit aufgesogen ist und die Quinoa durchsichtig und zart ist. Quinoa kann auch vor dem Kochen geröstet werden. Befolgen Sie die obigen Anweisungen für Hirse.

44.   Vierzig Karat Quinoa

Ausbeute: 1 Portion

Zutaten:

- 2 Esslöffel Butter

- 1 kleine Zwiebel, gehackt

- $\frac{1}{4}$ Teelöffel Currypulver

- 2 kleine Karotten, geschält und gehackt;

- 1⅔ Tasse Frische Hühnerbrühe oder Dosenbrühe

- ⅔ Tasse Quinoa, gespült und abgetropft

- $\frac{1}{4}$ Teelöffel gemahlener Kreuzkümmel

- Salz und frisch gemahlener schwarzer Pfeffer

- Gehackte frische Petersilie zum Garnieren

Richtungen:

a) Butter in einem Topf bei mittlerer Hitze schmelzen. Zwiebel, Currypulver und Karotten hinzufügen und 5 Minuten kochen. ⅔ Tasse Hühnerbrühe einrühren. Zum Kochen bringen. Reduzieren Sie die Hitze auf mittel-niedrig und garen Sie sie abgedeckt 20 Minuten lang.

b) Gemüse mit einer Schaumkelle aus der Pfanne nehmen und in einer Küchenmaschine oder einem Mixer pürieren. Zurück in die Pfanne geben, restliche Brühe hinzufügen und zum Kochen bringen.

c) Quinoa einrühren, Hitze reduzieren und zugedeckt bei mittlerer bis niedriger Hitze 12 bis 15 Minuten köcheln lassen, bis Quinoa weich ist. Kreuzkümmel unterrühren und mit Salz und Pfeffer abschmecken. Mit Petersilie bestreuen.

45.   Schwarze Bohnen und Quinoa-Chili

Ausbeute: 8 Portionen

Zutaten:

- 1 Tasse Quinoa; gespült und entwässert

- 1 Esslöffel Pflanzenöl

- 1 große Zwiebel; gewürfelt

- 1 grüne Paprika; gesät ein

- 1 Tasse Sellerie; gehackt

- 1 Jalapenopfeffer; gesät und

- 2 Tomaten; entkernt und gewürfelt

- 1 Tasse Karotten; gewürfelt

- 32 Unzen schwarze Bohnen, in Dosen;

- 28 Unzen zerdrückte Tomaten aus der Dose

- 1 Esslöffel getrocknete Petersilie

- Kreuzkümmel, Oregano, schwarzer Pfeffer, Salz

- 4 Frühlingszwiebeln; gehackt

Richtungen:

a) Öl in einem Topf erhitzen; Zwiebel, Paprika, Sellerie und Jalapeño dazugeben. 7 Minuten bei mittlerer Hitze anbraten. Frische Tomaten und Karotten einrühren; 3 bis 4 Minuten anbraten. Bohnen, zerdrückte Tomaten und

Gewürze einrühren; etwa 25 Minuten bei schwacher Hitze kochen.

b) Chili in Schüsseln geben und nach Belieben mit Frühlingszwiebeln garnieren. Ergibt 8 Portionen

46.   Huhn mit Gerste und Quinoa

Ausbeute: 3 Portionen

Zutaten:

- 3 Hühnerbrust ohne Haut und ohne Knochen

- 3 Tassen Wasser; Geteilt

- $\frac{3}{4}$ Tasse Perlgerste

- $\frac{1}{4}$ Tasse Quinoa

- Salz; Schmecken

- 28 Unzen gehackte Tomaten

Richtungen:

a) In den Crockpot Hähnchenbrusthälften, 2 C Wasser, Perlgerste, Quinoa (Sie müssen die Quinoa sehr gut abspülen, bevor Sie sie in den Crockpot geben), gehackte Tomaten mit Saft geben.

b) 2 Stunden auf HIGH stellen (während dieser Zeit prüfen, ob die Flüssigkeit nicht auskühlt)

c) Nach 2 Stunden umrühren und die Einstellung für 3 Stunden auf niedrig stellen und Salz und 1 c Wasser hinzufügen.

47. Hühner-, Quinoa- und Maiseintopf

Zutaten:

- 2½ Tasse gefrorene Maiskörner

- ¾ Tasse Orzo

- 1 Tasse Quinoa

- 10 Tassen Wasser

- 4 Esslöffel fettfreie Hühnerbrühe

- 4 Hühnerbrust ohne Haut und ohne Knochen

- 2 Schalotten; Fein gehackt

- 1 Knoblauchzehe; Gehackt

- ½ Teelöffel Rapsöl

- 2 Lorbeerblätter

- Dash Thymian, Oregano, Majoran

Richtungen:

a) Die vorbereiteten Hähnchenstreifen im Rapsöl garen. Fügen Sie die Schalotte und den Knoblauch hinzu und kochen Sie, bis das Huhn nicht mehr rosa aussieht. Gefrorene Maiskörner und Orzo in den Suppentopf geben.

b) Die vegetarische Hühnerbrühe (oder fettfreie Hühnerbrühe), Wasser, Lorbeerblätter und Gewürze in den Topf geben.

c) Zum Kochen bringen und dann auf ein mäßiges Köcheln reduzieren. 30 Minuten kochen.

48.   Muscheln mit Quinoa

Ausbeute: 1 Portion

Zutaten:

- 24 Littleneck-Muscheln

- $\frac{3}{4}$ Tasse Quinoa

- 3 Esslöffel Olivenöl

- 1 Zwiebel; fein gehackt

- 4 Knoblauchzehen; fein gehackt

- 2 Jalapeño-Chilis

- 1 Lorbeerblatt

- Dash Gemahlener Kreuzkümmel, Pfeffer, Salz

- 1 Esslöffel Tomatenmark

- 8 kleine rote Rosenkartoffeln; geviertelt

- 1 Tasse Weißwein

- 2 Knoblauchzehen; zersplittert

- 1 rote Paprika

Richtungen:

a) Das Olivenöl bei mittlerer Hitze erhitzen. Die Zwiebel hinzugeben und anschwitzen. Fügen Sie den Knoblauch, die Chilischoten, das Lorbeerblatt, den Kreuzkümmel und den Pfeffer hinzu. Das Tomatenmark, die gehackten Muscheln und die Kartoffeln dazugeben und verrühren.

b) Gießen Sie 4 ½ Tassen des reservierten Muschelsafts hinein, bringen Sie alles zum Köcheln und kochen Sie es 10 Minuten lang. Quinoa einrühren und weitere 25 Minuten kochen, gelegentlich umrühren.

c) In einem weiteren großen Topf den Weißwein bei mittlerer Hitze um die Hälfte reduzieren. Fügen Sie den Knoblauch, das Salz, die Pfefferflocken, die in Streifen geschnittene rote Paprika und die restlichen ½ Tasse Muschelsaft hinzu und kochen Sie 5 Minuten lang unter gelegentlichem Rühren.

d) Fügen Sie die Littlenecks für 15 Minuten hinzu.

49.   Cremige Quinoa-Primavera

Ausbeute: 1 Portion

Zutaten:

- 1½ Tasse ungekochte Quinoa

- 3 Tassen Hühnerbrühe

- 2 Unzen Frischkäse

- 1 Esslöffel frisch gehackt

- 2 Teelöffel Margarine oder Butter

- 2 Knoblauchzehen; fein gehackt

- 5 Tassen verschiedenes Gemüse

- 2 Esslöffel geriebener Romano-Käse

Richtungen:

a) Quinoa gründlich abspülen; Abfluss. Quinoa und Brühe in einem 2-Liter-Topf zum Kochen erhitzen; Hitze reduzieren. Abdecken und 10 bis 15 Minuten köcheln lassen oder bis die gesamte Brühe absorbiert ist. Frischkäse und Basilikum unterrühren.

b) Margarine in einer 10-Zoll-Antihaftpfanne bei mittlerer bis hoher Hitze schmelzen. Knoblauch in Margarine etwa 30 Sekunden unter häufigem Rühren goldbraun kochen.

c) Gemüse unterrühren. Etwa 2 Minuten kochen, dabei häufig umrühren, bis das Gemüse knusprig-zart ist. Gemüse und Quinoa-Mischung schwenken. Mit Romano-Käse bestreuen.

50.   Quinoa nach kreolischer Art

Zutaten:

- 1 Tasse Quinoa

- Salz

- 1 Esslöffel Olivenöl

- 1 Zwiebel; fein gehackt

- 3 Knoblauchzehen; gehackt

- $\frac{1}{2}$ rote Paprika

- $\frac{1}{2}$ grüne Paprika

- 1 reife Tomate; fein gehackt

- Gemahlener Kreuzkümmel, getrockneter Oregano

- Trockener Weißwein

- Tomatensauce

- 2 Lorbeerblätter

- Salz und frisch gemahlener Pfeffer

- 1 Tasse gekochte schwarze Bohnen (optional)

- $\frac{1}{4}$ Tasse frische Petersilie;

Richtungen:

a) Wasser zum Kochen bringen, mit Salz abschmecken und Quinoa einrühren.

b) Öl in einer großen beschichteten Bratpfanne erhitzen

c) Zwiebel, Knoblauch und Paprika zugeben. Tomaten, Kreuzkümmel und Oregano einrühren, 1 Minute kochen. Wein oder Hühnerbrühe einrühren, aufkochen.

d) Tomatensauce und Lorbeerblätter unterrühren. Köcheln lassen, bis die Sauce dickflüssig ist. Gekochten Quinoa, schwarze Bohnen, falls verwendet, und die Hälfte der Petersilie unterrühren. Bei mittlerer Hitze 5 Minuten kochen.

51. Schmutziges Quinoa-Dressing

Ausbeute: 4 Portionen

Zutaten:

- 1 Tasse Quinoa

- 1 Esslöffel Pflanzenöl

- 2 Esslöffel gehackte Zwiebel

- 2 Esslöffel gehackte Pilze

- 1 Esslöffel gehackter grüner Pfeffer

- 1 Esslöffel gehackter Sellerie

- 1 Bayou-Explosion

- 8 Unzen Hühnerleber

- 2 Tassen Hühnerbrühe; vielleicht weniger

- 1 gehackte Petersilie; für garnieren

- 1 gehackte Frühlingszwiebeln; für garnieren

Richtungen:

a) Erhitzen Sie eine Bratpfanne bei starker Hitze, fügen Sie Quinoa und geröstete Körner hinzu und zerkleinern Sie sie mit einem Holzlöffel, bis sie trocken und duftend sind, etwa 3 Minuten lang. In einem großen Topf Öl erhitzen, gehackte Zwiebeln, Pilze, grüne Paprika, Sellerie, Bayou Blast hinzufügen und unter häufigem Wenden und Rühren 5 Minuten kochen, bis sie weich sind. Fügen Sie Leber hinzu und werfen Sie sie, um sie mit Gemüse und deren Säften zu bestreichen.

b) Brühe und geröstete Quinoa unterrühren. Zum Kochen bringen, zudecken und die Hitze auf sehr niedrig reduzieren. Etwa 15 Minuten köcheln lassen, bis das Getreide weich ist. Schmecke ab und passe die Gewürze an, falls nötig.

c) Mit Petersilie und Frühlingszwiebeln garniert servieren.

52. Quinoa-Pilaw aus dem Garten Eden

Ausbeute: 6 Portionen

Zutaten:

- 2 Esslöffel Maisöl

- 2 Tassen Quinoa

- $\frac{1}{2}$ Teelöffel Zimt

- $\frac{1}{4}$ Teelöffel gemahlener Kardamom

- $\frac{1}{2}$ Tasse Pinienkerne; oder Mandelblättchen

- $\frac{1}{2}$ Tasse Karotten; gewürfelt

- 1 Tasse geschälte Erbsen; ODER

- 1 Tasse gefrorene Erbsen; aufgetaut

- Salz; schmecken

- $3\frac{1}{2}$ Tasse heißes Wasser

Richtungen:

a) In einem schweren, flachen Topf oder einer tiefen Pfanne Quinoa in Öl bei schwacher Hitze goldbraun rösten. Zimt und Kardamom zugeben.

b) Umrühren und 1-2 Minuten weiter rösten. Restliche Zutaten außer Wasser hinzufügen; 1 Minute rühren. Wasser hinzufügen und zum Kochen bringen, dabei zwei- bis dreimal umrühren; auf ein Köcheln reduzieren.

c) Abdeckung; etwa 20 Minuten dämpfen lassen, bis das gesamte Wasser absorbiert ist und die Quinoa locker aussieht.

53. Gegrillte Chorizo auf Quinoa

Ausbeute: 4 Portionen

Zutaten:

- 3 Esslöffel ungesalzene Butter

- 1 Tasse zerbrochene Fadennudeln

- $\frac{1}{2}$ mittlere Zwiebel; gewürfelt

- 6 Tassen Hühnerbrühe

- 3 Tassen Quinoa; Bio wenn möglich

- 2 Esslöffel Olivenöl

- 1 mittelgroße Zwiebel; geschält und in Julienne geschnitten

- 4 Knoblauchzehen; geschält und gehackt

- 2 Teelöffel spanischer Paprika

- 1 Teelöffel gemahlener Kreuzkümmel

- 4 Paprika; rot und gelb,

- 2 Poblano-Chilis; geröstet, geschält

- 1 Tasse Hühnerbrühe

- 6 große Chorizo-Glieder

Richtungen:

a) Machen Sie die Quinoa. Fadennudeln hinzugeben und unter häufigem Rühren kochen, bis die Nudeln goldbraun geworden sind. Fügen Sie die Zwiebel hinzu und braten Sie sie noch ein paar Minuten an, bis die Zwiebel weich ist und beginnt, sich golden zu verfärben. Fügen Sie Hühnerbrühe oder Wasser hinzu und bringen Sie es zum Kochen und fügen Sie Quinoa hinzu.

b) Olivenöl erhitzen und in Streifen geschnittene Zwiebeln und Knoblauch hinzufügen und kochen, dann Paprika und Kreuzkümmel hinzufügen und 1 Minute kochen. Paprikastreifen, Chilischoten und Hühnerbrühe hinzufügen und 10 bis 15 Minuten kochen oder bis die Mischung eindickt.

c) Grillen Sie die Chorizo-Links etwa 8 bis 10 Minuten über einem mäßig heißen Feuer.

54.   Gemüse und Quinoa ernten

Zutaten:

- 1½ Tasse Quinoa

- 4 Tassen Wasser

- ½ Teelöffel Salz

- 1 mittelgroße Rübe; geschält und gewürfelt

- 4 mittelgroße Karotten

- 1 kleine Steckrübe; geschält und gewürfelt

- 1 Tasse geschälter gewürfelter Butternut-Kürbis

- 1 Teelöffel Olivenöl

- 1 kleine gelbe Zwiebel; gewürfelt

- 1 große Knoblauchzehe; gehackt

- ¼ Tasse Gehackte frische Salbeiblätter

- Salz und weißer Pfeffer

Richtungen:

a) In einem mittelgroßen Topf die gespülte Quinoa mit Wasser und Salz mischen. Zum Kochen bringen, dann zugedeckt köcheln lassen, bis es gerade gar ist (ca. 10 Minuten). Abgießen, mit kaltem Wasser abspülen und beiseite stellen.

b) Kombinieren Sie Rüben, Karotten, Steckrüben und Kürbis in einem großen Topf mit einem Gemüsedampfer. Dämpfen Sie das Gemüse 7 bis 10 Minuten lang oder bis es weich ist

c) In einer großen beschichteten Pfanne Zwiebel und Knoblauch in Öl anbraten, bis die Zwiebel weich ist, etwa 4 Minuten. Salbeiblätter einrühren und kochen, bis der Salbei leicht gebräunt ist und duftet, 1 bis 2 Minuten.

d) Quinoa und Gemüse in die Pfanne geben und alles gut vermengen. Mit Salz und Pfeffer abschmecken, bei Bedarf erhitzen und heiß servieren.

55. Lamm-Quinoa-Eintopf

Ausbeute: 4 Portionen

Zutaten:

- $1\frac{1}{2}$ Pfund Eiertomaten

- 1 Pfund feste Aubergine

- $\frac{1}{4}$ Tasse Olivenöl

- 2 rote Paprika

- 2 gelbe Zwiebeln

- 1 rote Zwiebel,

- 3 große Karotten

- 2 Pfund Lammschulter ohne Knochen

- 1 Pfund Butternusskürbis,

- Zimtstangen, Kreuzkümmel, Ingwer, Piment

- 6 Tassen Hühnerbrühe

- $\frac{3}{4}$ Tasse Quinoa, gut gespült

Richtungen:

a) Gemüse im mittleren und unteren Drittel des Ofens 20 Minuten braten

b) Während Gemüse röstet, Lamm braun anbraten

c) Öl in den Wasserkocher geben und Kürbis, Knoblauch und Gewürze bei mäßiger Hitze unter Rühren 2 Minuten kochen. Geben Sie das Lamm zurück in den Wasserkocher und fügen Sie geröstetes Gemüse und Brühe hinzu. Den Eintopf zum Kochen bringen und zugedeckt 1 Stunde köcheln lassen.

d) Quinoa einrühren und ohne Deckel unter gelegentlichem Rühren 30 Minuten köcheln lassen.

56.   Zitronen-Kräuter-Quinoa

Ausbeute: 6 Portionen

Zutaten:

- 1 Tasse Quinoa
- $1\frac{1}{2}$ Esslöffel Pflanzenöl
- Wasser
- $\frac{3}{4}$ Teelöffel getrockneter Majoran
- $\frac{1}{2}$ Teelöffel getrockneter Thymian
- $\frac{1}{4}$ Teelöffel getrockneter Rosmarin
- 3 Esslöffel gehackte Petersilie
- 2 Esslöffel frischer Zitronensaft
- $\frac{3}{4}$ Teelöffel Salz
- $\frac{1}{2}$ Teelöffel geriebene Zitronenschale
- $\frac{1}{4}$ Teelöffel Pfeffer

Richtungen:

a) Bei mittlerer Hitze das Öl in einem 2-Liter-Topf erhitzen. Den gewaschenen Quinoa dazugeben und unter Rühren kochen, bis der Quinoa Knack- und Knallgeräusche macht, etwa 3 bis 5 Minuten. Wasser, Majoran, Thymian und Rosmarin unterrühren. Zum Kochen bringen, Hitze reduzieren und zugedeckt 15 Minuten köcheln lassen.

b) Petersilie, Zitronensaft, Salz, Zitronenschale und Pfeffer unterrühren.

c) Zugedeckt 5 Minuten länger köcheln lassen. Mit einer Gabel auflockern.

57.   Quinoa-Pilaw aus der Mikrowelle

Ausbeute: 4 Portionen

Zutaten:

- $\frac{1}{4}$ Tasse rote Paprika; gewürfelt

- 2 Knoblauchzehen; gehackt

- 1 kleine Zwiebel; gehackt

- $\frac{3}{4}$ Tasse Quinoa

- $1\frac{1}{2}$ Tasse Gemüsebrühe

Richtungen:

a) Pfeffer, Knoblauch, Zwiebel und Sesamöl in ein 4-Tassen-Glasmaß geben.

b) Unbedeckt auf hoher Stufe 2 Minuten lang in die Mikrowelle geben und umrühren. Quinoa und Brühe zugeben und 5 Minuten auf höchster Stufe in der Mikrowelle erhitzen, dabei einmal umrühren. Mikrowelle auf Medium (50%) für 15 Minuten

c) Aufsehen. Weitere 2 Minuten auf hoher Stufe in der Mikrowelle erhitzen oder bis die Flüssigkeit absorbiert ist. Die Körner sollten perlmuttartig sein, mit sichtbarer weißer Umrandung.

d) Mit einer Gabel auflockern.

58.   Quinoa nach marokkanischer Art

Ausbeute: 4 Portionen

Zutaten:

- 1 Tasse Kichererbsen, gekocht
- 1 2-Zoll-Streifen Kombu-Seetang, gekocht
- 3 kleine Zwiebeln; geviertelt
- 1 Tasse Karotten; in Stücke geschnitten
- 1 Tasse Rüben; in Stücke geschnitten
- 1 Teelöffel Meersalz
- 2 Knoblauchzehen
- 1 Lorbeerblatt
- $\frac{1}{4}$ Teelöffel Kreuzkümmel
- Pfeffer; schmecken
- 2 Esslöffel Olivenöl
- 2 Tassen Ganzer Rosenkohl
- 2 Tassen Quinoa, gespült

Richtungen:

a) Legen Sie Zwiebeln, Karotten und Rüben auf die Kichererbsen und fügen Sie so viel Wasser oder Brühe hinzu, dass das Gemüse gerade bedeckt ist. Salz, Knoblauch, Lorbeer, Kreuzkümmel, Pfeffer und Olivenöl hinzufügen.

Abdecken und zum Kochen bringen. Rosenkohl dazugeben und weitere 10 Minuten garen.

b) Eine dünne Pfanne erhitzen, Öl hinzufügen und unter ständigem Rühren Quinoa 10 Minuten rösten. In die kochende Brühe geben, abdecken und 15 bis 20 Minuten köcheln lassen.

59.   Risotto mit Pilzen und Erbsen

Zutaten:

- 2 Esslöffel Olivenöl

- 1 Pfund weiße Pilze

- 1 Esslöffel gehackter Knoblauch

- $\frac{1}{4}$ Tasse Gehackte frische italienische Petersilie

- Salz und frisch gemahlener Pfeffer nach Geschmack

- 2 Esslöffel Olivenöl

- 1 Tasse Couscous

- 4 Tassen natriumarme Hühnerbrühe

- $\frac{1}{2}$ Teelöffel gemahlene Kurkuma

- 1 Tasse Quinoa, gespült

- 1 Tasse fein gehackte Frühlingszwiebeln

- 2 Tassen gefrorene kleine Erbsen

- Frische Petersilienblätter zum Garnieren

- Frisch geriebener Parmesan nach Geschmack

Richtungen:

a) Das Olivenöl erhitzen und die Pilze anbraten, den Knoblauch unter Rühren hinzugeben, bis er leicht gebräunt ist. Petersilie unterrühren und mit Salz und Pfeffer abschmecken. In einem schweren Topf 1 Esslöffel Olivenöl erhitzen, den Couscous anbraten und umrühren, um ihn zu beschichten

b) 1 Tasse kochende Brühe und Kurkuma einrühren.

c) 1 EL Olivenöl erhitzen und Frühlingszwiebeln anschwitzen

d) Den gewaschenen Quinoa unterrühren. Champignons, Couscous, Brühe und Erbsen dazugeben.

60. Schmutzige Quinoa

Ausbeute: 8 Portionen

Zutaten:

- 1 Esslöffel Olivenöl

- 4 Unzen Hühnerleber; fein gehackt

- 1 Tasse gehackte Zwiebel

- $\frac{3}{4}$ Tasse gewürfelter Sellerie

- $\frac{1}{2}$ Tasse Gewürfelte grüne Paprika

- 2 Esslöffel Gehackte Schalotte

- $\frac{1}{2}$ Pfund magerer Speck nach kanadischer Art;

- 2 große Knoblauchzehen; gehackt

- 1 Lorbeerblatt

- 3 Tassen Quinoa; gespült

- 1 Esslöffel Worcestershire-Sauce

- 2 Teelöffel kreolisches Gewürz

- $\frac{1}{4}$ Teelöffel scharfe Soße

- $27\frac{1}{2}$ Unzen Hühnerbrühe

- $\frac{1}{2}$ Tasse geschnittene Frühlingszwiebeln

Richtungen:

a) Olivenöl in einem großen Topf bei mittlerer Hitze erhitzen. Fügen Sie Hühnerleber hinzu und braten Sie sie 4 Minuten oder bis sie fertig sind. Zwiebel und die nächsten 6 Zutaten hinzufügen,

b) 3 Minuten anbraten oder bis das Gemüse knusprig-zart ist. Quinoa hinzugeben und 2 Minuten unter ständigem Rühren kochen. Fügen Sie ⅓ Tasse Wasser und die nächsten 4 Zutaten hinzu; zum Kochen bringen.

c) Vom Herd nehmen; Lorbeerblatt wegwerfen und geschnittene Frühlingszwiebeln unterrühren.

61. Pintos und Quinoa Mexicana

Ausbeute: 1 Portion

Zutaten:

- 3 Tassen geschnittene Paprika und Zwiebeln

- 3 Tassen gekochte Pintobohnen

- 2 Tassen Quinoa; gut gespült, um den bitteren Belag zu entfernen

- 2 Tassen Gefrorener Zuckermais

- 4 Knoblauch

- 2 Esslöffel Chilipulver

- 1 Teelöffel gemahlener Kreuzkümmel

- 2 Teelöffel gemahlener Oregano

- 1 Teelöffel Salz

Richtungen:

a) Geben Sie die Paprika- und Zwiebelmischung in eine große Pfanne oder einen Schmortopf, wenn Sie die Tiefkühltruhe verwenden, braten Sie, bis das meiste Wasser verkocht ist, kein Öl ist erforderlich, frisches Gemüse wird in seiner eigenen Flüssigkeit sautiert, fügen Sie einen Esslöffel Olivenöl hinzu, wenn Sie darauf bestehen

b) Kräuter und Gewürze zugeben, weitere ein bis zwei Minuten sautieren. Alle anderen Zutaten hinzufügen, zum Köcheln bringen, locker zudecken und ca. 20 Minuten köcheln lassen,

Hitze entfernen und weitere 10 Minuten zugedeckt stehen lassen.

62.   Poblanos mit Quinoa-Füllung

Ausbeute: 8 Portionen

Zutaten:

- 8 mittelgroße Poblano-Paprikaschoten

- 4 Tassen Hühnerbrühe mit niedrigem Natriumgehalt

- 2 Tassen Quinoa

- 2 Esslöffel Olivenöl

- 3 Karotten; geschnitten und gewürfelt

- 1 mittelgroße rote Zwiebel; gewürfelt

- 1 Tasse gehackte Walnüsse; getoastet

- 2 Esslöffel frischer Oregano; gehackt

- 6 Unzen weicher Ziegenkäse; zerbröselt

- $\frac{1}{2}$ Teelöffel Salz

- $\frac{1}{4}$ Teelöffel frisch gemahlener Pfeffer

- Ancho-Chili-Sauce

Richtungen:

a) Poblano über der Gasflamme braten. Die Brühe in einem mittelgroßen Topf zum Kochen bringen, Quinoa hinzufügen, gut umrühren und die Hitze auf ein Köcheln reduzieren.

b) Öl erhitzen und Karotten und Zwiebeln hinzufügen; Koch.

c) Karottenmischung in Quinoa umfüllen. Walnüsse, Oregano, Käse, Salz und Pfeffer einrühren. Jede Paprika mit Quinoa-

178

Mischung füllen; in einer Auflaufform anrichten. Paprika im Ofen erhitzen, bis sie warm ist und die Oberseite leicht knusprig ist, 20 bis 30 Minuten.

d) Machen Sie Ancho-Chile-Sauce. Zum Servieren auf jedem Teller eine Paprika anrichten, mit Soße umgeben.

63. Quinoa-Rind

Ausbeute: 4 Portionen

Zutaten:

- 1 Tasse Quinoa, gespült und gekocht
- ½ Packung mageres Fleisch mit Rindfleischgeschmack
- ½ große Zwiebel; gewürfelt
- 2 Knoblauchzehen; gehackt
- ½ Paprika; gewürfelt
- 1 Tasse gefrorener Mais
- Gemüsebrühe oder Wein zum Anbraten
- ½ Teelöffel gemahlener Kreuzkümmel
- ¼ Teelöffel Cayennepfeffer
- ¼ Teelöffel gemahlener schwarzer Pfeffer
- Nach Geschmack salzen

Richtungen:

a) In einem beschichteten Schmortopf die Zwiebel und den Knoblauch in der Gemüsebrühe zwei bis drei Minuten anbraten. Fügen Sie das magere Rindfleisch hinzu.

b) Die restlichen Zutaten (außer den Gewürzen) in den Dutch Oven geben und während des Kochens umrühren. Fügen Sie die Quinoa hinzu. Fügen Sie Kräuter und Gewürze hinzu und kochen Sie einige Minuten länger, um die Petersilie weicher zu machen.

64. Quinoa- und Fruchtfüllung

Ausbeute: 5 Tassen

Zutaten:

- $\frac{1}{4}$ Pfund Fenchel-Schweinewurst

- 1 große Zwiebel(n), fein gehackt

- 1 große Knoblauchzehe(n), gehackt

- 1 großer säuerlicher grüner Apfel

- 1 mittelreife Birne, geschält und gewürfelt

- 1 große Navel-Orange

- ⅔ Tasse Getrocknete Johannisbeeren

- ⅔ Tasse Geröstete Walnüsse

- 1 Esslöffel Thymianblätter

- 1 Teelöffel gemahlene Koriandersamen

- 3 Tassen Gekochte Quinoa

Richtungen:

a) Braten Sie die zerbröckelte Wurst in einer großen Pfanne bei mittlerer Hitze an. Beiseite legen

b) Zwiebeln und Knoblauch in dieselbe Pfanne geben und anbraten. Äpfel und Birnen unterrühren.

c) Die Orange in Stücke schneiden und mit den restlichen Zutaten, einschließlich der reservierten Wurst, in die Pfanne geben. Umrühren, um zu kombinieren, und dann weitere 2 Minuten kochen. Zum Abkühlen beiseite stellen. Kann im Voraus zubereitet werden und Kühlschrank

65.   Quinoa-Nuss-Dressing

Ausbeute: 1 Portion

Zutaten:

- 1½ Tasse gekochte Quinoa

- 2 Esslöffel Walnüsse oder Pekannüsse

- Fein gehackt

- 2 Esslöffel Haselnüsse

- 2 Esslöffel Pistazien

- 2 Minzblätter, gehackt

- ⅓ Tasse Natives Olivenöl extra

- 3 Esslöffel Zitronensaft

- 1 Teelöffel schwarzer Pfeffer

Richtungen:

a) Kombinieren Sie alle Zutaten in einer Rührschüssel und lassen Sie sie stehen, bis Sie sie als Füllung oder Beilage verwenden können.

66. Quinoa-Auflauf

Ausbeute: 6 Portionen

Zutaten:

- 1 Tasse Quinoa gespült und geröstet

- 1 Esslöffel Peperoni-Sesamöl

- 1 mittelgroße Zwiebel; gehackt

- 1 Knoblauchzehe geschält und gepresst

- 2 Teelöffel Curry (optional)

- 1 Tasse Sellerie, gehackt

- 1 Bund Brokkoli; gehackt

- 1 Tomate; gehackt

- 3 Esslöffel Eden Shoyu

- 2 Esslöffel Eden Brauner Reisessig

Richtungen:

a) Gespülten Quinoa in der Pfanne rösten, bis er aufplatzt. Quinoa in eine Auflaufform geben und Wasser hinzufügen. Öl erhitzen, Zwiebeln, Knoblauch und Curry anschwitzen, bis die Zwiebeln glasig sind. Sellerie, Brokkoli und Tomate zugeben, kurz mitdünsten und zu Quinoa geben. Shoyu und braunen Reisessig hinzufügen.

b) Backen Sie bei 350 F. für 45 Minuten

67. Quinoakaviar

Ausbeute: 4 1/2 Tassen

Zutaten:

- 1 kleine Aubergine (10-12 Unzen)

- 1 Esslöffel natives Olivenöl extra

- 1 Zwiebel(n), fein gehackt

- 1 Tasse Quinoa, gekocht

- 2 Tassen Salzwasser

- 2 Knoblauchzehe(n), gehackt

- 3 Esslöffel Koriander, gehackt

- 3 Esslöffel Petersilie, gehackt

- 4 Teelöffel (bis 5 Teelöffel) Tamari

- 2 Esslöffel Zitronensaft oder nach Geschmack

- Salz und Pfeffer nach Geschmack

Richtungen:

a) Braten Sie die Auberginen 40 Minuten lang auf einem beschichteten Backblech.

b) Die Aubergine längs halbieren. Kratzen Sie das Fruchtfleisch heraus, achten Sie darauf, die Haut nicht zu durchbohren, und geben Sie es mit Knoblauch, Koriander, Petersilie, Tamari und Zitronensaft in eine Küchenmaschine.

c) Zu einer glatten Paste pürieren. Die Auberginenmischung unter die Quinoa rühren. Korrigieren Sie die Gewürze, indem Sie Tamari, Pfeffer oder Zitronensaft nach Geschmack hinzufügen.

d) Den "Kaviar" wieder in die Auberginenschalen geben.

68.   Quinoa-Mais-Nudeln

Ausbeute: 1 Portion

Zutaten:

- ½ Tasse Quinoamehl

- ½ Tasse Maismehl

- ⅓ Tasse Tapiokamehl

- 1 Ei

- 1 Esslöffel Pflanzenöl, optional

- 1 Esslöffel Wasser

Richtungen:

a) Es ist sehr zerbrechlich und bricht beim Walzen und Extrudieren leicht.

b) Rollen Sie es nicht zu dünn und verwenden Sie eine dickere Form wie Fettuccine anstelle von Spaghetti

69.   Quinoa-Mais Veracruz

Ausbeute: 1 Portionen

Zutaten:

- ⅓ Tasse Ganze Hirse

- ⅔ Tasse Quinoa, gut abgespült

- ½ Tasse Gemüsebrühe – oder Wasser

- 1 Tasse gewürfelte Zwiebeln

- 1 Rote oder grüne Paprika

- 1 Esslöffel gehackter Knoblauch

- 2 Tassen gewürfelte Tomaten

- ¼ Teelöffel gemahlener roter Pfeffer

- Körner von 2 Ähren Mais

- 1 Dose gefrorene Erbsen

- ½ Tasse Grob gehackter frischer Basilikum

- 2 Esslöffel Gehackte frische Petersilie

- ½ Teelöffel Salz, Pfeffer

- Kidneybohnen, abgetropft

Richtungen:

a) Hirse in einem kleinen Topf bei mittlerer Hitze rösten, bis sie leicht golden ist. 1 Tasse Wasser hinzufügen. Zum Kochen bringen; Hitze reduzieren und köcheln lassen, bis sie weich sind, 25 bis 30 Minuten. In der Zwischenzeit Quinoa und 1⅓ Tasse Wasser in einem Topf zum Kochen bringen

b) Brühe in einer großen Pfanne zum Kochen bringen. Zwiebeln, Paprika und Knoblauch hinzufügen; kochen, bis sie weich sind, 5 Minuten. Fügen Sie Tomaten und gemahlenen roten Pfeffer hinzu; kochen, bis die Tomate weich und saftig ist, 3 Minuten. Mais, Erbsen und Bohnen einrühren, 1 Minute weiter kochen.

c) Vom Herd nehmen und Quinoa und Hirse unterrühren. Basilikum, Petersilie, Salz und Pfeffer unterrühren.

70.   Quinoa-Jambalaya

Ausbeute: 6 Portionen

Zutaten:

- 1 Esslöffel Peperoni-Sesamöl

- 1 Esslöffel Vollkornmehl

- 1 mittelgroße Zwiebel; gewürfelt

- 1 Knoblauchzehe; gehackt

- 28 Unzen zerkleinerte Tomaten

- 1 Lorbeerblatt

- $\frac{1}{2}$ Esslöffel getrockneter Thymian

- $\frac{3}{4}$ Teelöffel Lima-Meersalz

- 1 Tasse Eden Quinoa; gespült

- 1 grüner Pfeffer; gewürfelt

- $\frac{1}{2}$ Tasse Petersilie, gehackt

- 1 Tasse Sellerie; gehackt

- 2 Frühlingszwiebeln; dünn geschnitten

Richtungen:

a) Öl in einem schweren Topf erhitzen. Mehl hinzufügen und rühren, bis ein duftendes Aroma freigesetzt wird (3 Minuten). Zwiebel, Knoblauch, Tomaten, Lorbeerblatt, Thymian und Salz hinzufügen. Mischen und 10 Minuten zugedeckt köcheln lassen.

b) Wasser in die Brühe geben. Zum Kochen bringen. Quinoa, grüne Paprika, Petersilie, Sellerie und Frühlingszwiebeln hinzufügen. Abdecken und weitere 3-5 Minuten länger garen.

c) Hitze ausschalten und zugedeckt 10 Minuten ruhen lassen. Pfeffer hinzufügen. Gut mischen. Dienen.

71.   Quinoa-Lauch-Auflauf

Ausbeute: 1 Auflauf

Zutaten:

- 2 Teelöffel unraffiniertes Sesamöl

- 1 Knoblauchzehe; gedrückt

- 1 Lauch; gehackt

- 2 Tassen Gekochte AM-Quinoa

- $1\frac{1}{2}$ Tasse Tofu mit entferntem überschüssigem Wasser

- $\frac{1}{2}$ Tasse Milch oder Sojamilch

- 1 Tasse Semmelbrösel

- $\frac{1}{2}$ Tasse geriebener Käse

Richtungen:

a) Braten Sie die ersten drei Zutaten an, bis sie leicht gebräunt sind. Tofu und Quinoa zugeben, 2 Minuten weiter sautieren. Vom Herd nehmen und Milch hinzufügen, Mischung vorsichtig umrühren.

b) Eine Auflaufform leicht einölen und mit der Hälfte der Semmelbrösel panieren. Bewahren Sie den Rest der Semmelbrösel auf, um die Mischung damit zu bestreuen.

c) Masse in die Auflaufform geben und mit Semmelbröseln und Käse bestreuen.

d) Zugedeckt 20 Minuten bei 350 F backen.

e) Deckel entfernen und Käse bräunen lassen. Mit Salz oder Tamari und Pfeffer abschmecken

72.   Abendessen mit Quinoa-Pfanne

Ausbeute: 4 Portionen

Zutaten:

- 1 Tasse Quinoa

- 15 Unzen Tomaten

- 15 Unzen Dosenbohnen

- 15 Unzen Hominy

- $\frac{1}{2}$ Teelöffel Knoblauchpulver

- $\frac{1}{2}$ Teelöffel Zwiebelpulver

- 1 Teelöffel getrocknete Petersilie

- 1 Teelöffel getrocknetes Basilikum

- $\frac{1}{2}$ Teelöffel getrockneter Thymian

- $\frac{1}{2}$ Teelöffel Salz; oder mehr nach Geschmack

Richtungen:

a) Spülen Sie Quinoa gründlich ab (es schmeckt bitter, wenn Sie es nicht tun) und kochen Sie es zugedeckt bei schwacher Hitze 15 Minuten lang in 2 Tassen kochendem Wasser.

b) Tomaten und Chilis, Bohnen, Maisbrei, Kräuter und Gewürze einrühren und gut erhitzen.

c) Dienen.

73. Quinoa gefüllte Paprika

Ausbeute: 5 Portionen

Zutaten:

- 1 Tasse Quinoa, gespült und gekocht
- 4 große oder 6 mittelgroße grüne Paprika
- 1 mittelgroße Zwiebel; gewürfelt
- ½ Pfund frische Pilze; geschnitten
- 2 Esslöffel Butter
- 28 Unzen Dosentomaten
- 2 Knoblauchzehen; zerquetscht
- 12 Unzen Salsa
- 2 Esslöffel trockener Sherry
- 10 Unzen Mozzarella-Käse

Richtungen:

a) Grüne Paprikaschoten dämpfen, bis sie weich, aber nicht schlaff sind; beiseite legen.

b) In einer großen Pfanne Zwiebel und Champignons in Butter anschwitzen. Tomaten, Knoblauchzehen und Salsa hinzufügen. Bei mittlerer Hitze 10 Minuten kochen. Sherry hinzufügen; 10 Minuten weiter köcheln lassen. Quinoa unterheben.

c) Paprika in eine Auflaufform geben; Paprika mit Quinoa-Mischung füllen. Dies dauert etwa die Hälfte der Mischung.

Rest mit aufgefangenem Saft verdünnen und um die Paprika gießen. Käse über die Paprika streuen. Backen bei 325 F

74.   Quinoa Brokkoli Rabe

Ausbeute: 5 Portionen

Zutaten:

- 1 Tasse Quinoa

- 1 Dose (14 1/2 Oz.) Hühnerbrühe

- 2 Esslöffel Natives Olivenöl Extra

- $\frac{1}{2}$ Tasse gehackte Zwiebel

- 1 Teelöffel gehackter Knoblauch

- 1 großer Bund Broccoli Rabe

- $\frac{1}{4}$ Teelöffel Gehackt

- $\frac{1}{4}$ Teelöffel Paprikaflocken

Richtungen:

a) Quinoa unter Rühren in einer beschichteten Pfanne bei mittlerer bis niedriger Hitze 5 Minuten rösten. Brühe und Wasser in einem mittelgroßen Topf zum Kochen bringen; Quinoa unterrühren.

b) Reduzieren Sie die Hitze auf mittel-niedrig; abdecken und 12 bis 15 Minuten köcheln lassen, bis die Flüssigkeit aufgesogen und Quinoa weich ist. Mit einer Gabel auflockern und in eine große Schüssel geben; abdecken und warm halten.

c) Öl in einer großen beschichteten Pfanne bei mittlerer bis hoher Hitze erhitzen. Zwiebel und Knoblauch hinzufügen; 3 Minuten kochen. Broccoli Rabe, Salz und Paprika unterrühren. Kochen, bis der Brokkoli weich ist, 5 bis 7 Minuten. Gemüse in Quinoa rühren.

75.   Quinoa mit grünen Bohnen

Ausbeute: 4 Portionen

Zutaten:

- 1 Tasse Wasser

- 1 Tasse Quinoa, gespült

- $\frac{3}{4}$ Pfund Grüne Bohnen

- 1 Tasse Eiertomaten

- $\frac{1}{2}$ Teelöffel Knoblauch; gehackt

- $\frac{3}{4}$ Teelöffel Salz; oder nach Geschmack

- $\frac{1}{2}$ Tasse Basilikum; frisch, gehackt

- 2 Esslöffel Zitronensaft; frisch

Richtungen:

a) Wasser im Schnellkochtopf zum Kochen bringen. Quinoa, grüne Bohnen, Tomaten, Knoblauch und Salz hinzufügen.

b) Verriegeln Sie den Deckel. Bei starker Hitze auf Hochdruck bringen und 1 Minute kochen lassen. Lassen Sie den Druck 10 Minuten lang auf natürliche Weise abfallen.

c) Restdruck schnell ablassen. Nehmen Sie den Deckel ab und kippen Sie ihn von sich weg, damit überschüssiger Dampf entweichen kann.

d) Basilikum und Zitronensaft unterrühren und Quinoa kurz vor dem Servieren auflockern. Großartig heiß, Raumtemperatur oder kalt.

76.   Quinoa mit Johannisbeeren

Ausbeute: 1 Portion

Zutaten:

- $1\frac{3}{4}$ Tasse Quinoa, gespült

- $2\frac{2}{3}$ Tasse Gemüsebrühe (oder Wasser)

- 4 kleine Lauch

- $\frac{1}{2}$ Tasse Dosentomaten

- 5 Esslöffel Johannisbeeren

- 1 Esslöffel gemahlener Kreuzkümmel

- 1 Teelöffel Zimt

- 1 Teelöffel Knoblauchpulver

- $\frac{1}{2}$ Teelöffel Kurkuma

Richtungen:

a) Lauch in eine beschichtete Pfanne geben und kochen, bis er schlapp und reduziert ist. Gewürze zum Lauch geben und umrühren, bis alles gut vermischt ist.

b) Quinoa dazugeben und ein paar Minuten kochen.

c) Brühe [, Johannisbeeren] und Tomaten zugeben, zum Kochen bringen, Hitze reduzieren und zugedeckt 15-20 Minuten köcheln lassen, bis alles fertig ist.

77.   Quinoa mit Shiitake-Sauce

Ausbeute: 8 Portionen

Zutaten:

- 1 Packung Quinoa; gespült
- 1 Packung Eden Shiitake-Pilze
- 1 mittelgroße Zwiebel
- 4 Tassen Wasser
- $\frac{1}{4}$ Tasse Eden Organic Shoyu
- 3 Esslöffel Kudzu
- 2 Esslöffel brauner Reisessig

Richtungen:

a) Quinoa nach Packungsanweisung kochen. Shiitake-Pilze etwa 30-45 Minuten einweichen, bis sie weich sind. 2 Tassen Wasser zum Kochen bringen.

b) Wenn die Shiitake weich sind, Stiele entfernen und Kappen in Scheiben schneiden. Einweichwasser und Shiitake in kochendes Wasser geben und 30 Minuten garen. Geschnittene Zwiebeln hinzufügen, weitere 5 Minuten kochen. Restliches Wasser und Shoyu zugeben, aufkochen, aufgelöstes Kudzu einrühren, Hitze abschalten. Flüssigkeit verdickt sich und wird klar.

c) Über Quinoa servieren. Mit gehackten Frühlingszwiebeln garnieren.

78.   Quinoa mit Tomaten

Ausbeute: 4 Portionen

Zutaten:

- 1 Tasse Quinoa
- 1 Teelöffel Butter
- 8 sonnengetrocknete Tomaten
- 2 Schalotten; gehackt
- 1 Knoblauchzehe; gehackt
- 2 Tassen entfettete Hühnerbrühe
- 1 Prise Cayennepfeffer
- 2 Esslöffel Gehackte frische Petersilie
- Salz und frisch gemahlener schwarzer Pfeffer

Richtungen:

a) Quinoa in ein feinmaschiges Sieb geben und unter fließend warmem Wasser abspülen Butter in einem schweren, med. Topf über med. Wärme. Tomaten, Schalotten und Knoblauch zugeben und 3-5 Minuten anbraten, oder bis die Schalotten weich sind.

b) Brühe oder Wasser hinzugeben und zum Kochen bringen. Quinoa und Cayennepfeffer umrühren, wieder zum Kochen bringen, dann die Hitze auf niedrig reduzieren und zugedeckt etwa 30 Minuten köcheln lassen oder bis die Flüssigkeit absorbiert ist.

c) 5 Minuten ruhen lassen und die Körner mit einer Gabel auflockern, um sie zu trennen. Frische Petersilie unterrühren und mit Salz und Pfeffer würzen

79.   Mit Quinoa gefüllter Kürbis

Ausbeute: 1 Portion

Zutaten:

- 6 kleine Eichelkürbis

- 6 Tassen Wasser

- 1 Tasse gekochter Wildreis

- 1 Tasse Quinoa, gespült und gekocht

- 2 Teelöffel Pflanzenöl

- 4 Frühlingszwiebeln; gehackt

- ½ Tasse Gehackter Sellerie

- 1 Teelöffel getrockneter Salbei

- ½ Tasse getrocknete Preiselbeeren

- ⅓ Tasse Getrocknete Aprikosen; gehackt

- ⅓ Gehackte Pekannüsse oder Walnüsse

- ½ Tasse frischer Orangensaft; bis 3/4

- Nach Geschmack salzen

Richtungen:

a) Die Kürbishälften mit der Schnittfläche nach unten in eine Auflaufform oder einen Bräter legen. 25 bis 30 Minuten backen, bis sie weich sind.

b) In einer großen, tiefen Pfanne Öl bei mittlerer Hitze erhitzen. Fügen Sie Frühlingszwiebeln, Sellerie und Salbei hinzu. Getrocknete Früchte und Nüsse hinzufügen und unter häufigem Rühren kochen, bis sie durchgewärmt sind. Quinoa und Wildreis mit einer Gabel auflockern und beides in die Pfanne geben. Orangensaft hinzufügen und mischen, bis er durchgewärmt ist. Mit Salz

80. Quinoa-Tofu-Auflauf

Ausbeute: 5 Portionen

Zutaten:

- 1½ Tasse Tofu

- 2 Teelöffel Sesamöl

- 1 Knoblauchzehe; gedrückt

- 1 Lauch; gehackt

- 2 Tassen Quinoa; gekocht

- 1 Teelöffel Meersalz ODER

- 2 Teelöffel Shoyu

- Spritzer Schwarzer Pfeffer

- 1 Tasse Vollkornbrösel

- 1 Tasse Sojamilch

Richtungen:

a) Erhitzen Sie eine große Pfanne oder einen Wok und fügen Sie das Öl hinzu. Den Knoblauch und den Lauch dazugeben. Braten, bis sie leicht gebräunt sind. Quinoa und dann Tofu zugeben und nach jeder Zugabe 2 Minuten sautieren. Gewürze hinzufügen.

b) Eine Auflaufform einölen. Fügen Sie ½ Tasse Semmelbrösel hinzu und drehen Sie die Auflaufform, um sie gleichmäßig zu beschichten.

c) Die Quinoa-Mischung vorsichtig hinzufügen. Drücken Sie eine Mulde in die Mitte der Quinoa und gießen Sie die Sojamilch hinein. Mit den restlichen Semmelbröseln bedecken.

d) Abdecken und 20 Minuten backen. Deckel entfernen und weitere 10 Minuten backen.

81.   Salpicon de Quinoa

Ausbeute: 6 Portionen

Zutaten:

- $\frac{3}{4}$ Pfund Quinoa, gekocht
- $\frac{1}{4}$ Tasse frischer Limettensaft
- 1 TL Pfeffer, Meersalz
- 1 Serrano-Chili
- $\frac{1}{2}$ Tasse Olivenöl
- 1 mittelgroße Gurke; geschält, entkernt
- 1 mittelgroße Tomate; gesät
- 4 Unzen Feta-Käse; zerbröselt
- 6 Frühlingszwiebeln; nur weiße Teile
- $\frac{1}{2}$ Bund Frische Minze

Richtungen:

a) In einer kleinen Schüssel Limettensaft, Pfeffer, Salz und gehackten Serrano mischen. Zusammen verquirlen, dann das Olivenöl einträufeln und schlagen, bis alles vollständig vermischt ist. Kombinieren Sie in einer großen Schüssel die abgekühlte Quinoa mit Gurke, Tomate, Feta, Frühlingszwiebeln, Petersilie und Minze. Zum Mischen werfen.

b) In die Radicchio-Blätter häufen, als Tassen verwenden und nach Belieben mit Kapern, Wachteleiern, Feta und Oliven garnieren

82.   Scharlachrote Quinoa

Ausbeute: 4 Portionen

Zutaten:

- 2 Tassen Gemüsebrühe

- 1 Sehr kleine Rübe; geschält

- 1 Tasse Importierte Quinoa

- 1 Esslöffel natives Olivenöl extra

- 1 Esslöffel frischer Zitronensaft

- $\frac{1}{2}$ Teelöffel Frische Zitronenschale

- Meersalz

- Frisch gemahlener schwarzer Pfeffer; schmecken

- 1 Esslöffel gehackter frischer Schnittlauch;

- Salatgemüse

- Schwarze Oliven

- Sardellenfilets

- Sauerrahm

Richtungen:

a) Die Brühe in einem mittelgroßen Topf bei starker Hitze zum Kochen bringen. Rote Bete, Quinoa, Öl, Zitronensaft, Zitronenschale, Salz und Pfeffer hinzufügen und erneut aufkochen.

b) Abdecken, Hitze reduzieren und 12 Minuten köcheln lassen oder bis die Brühe absorbiert ist. Zugedeckt 5 Minuten stehen lassen

c) In eine Servierschüssel kratzen, mit Schnittlauch garnieren und sofort servieren; oder kühlen, dann als Salat auf Gemüse servieren, garniert mit schwarzen Oliven, Sardellenfilets und einem Klecks Sauerrahm.

83.   Gewürzte Quinoa-Timbales

Ausbeute: 1 Portion

Zutaten:

- 1 Tasse Quinoa

- 1 kleine Zwiebel; gehackt

- 1 Esslöffel Olivenöl

- 1 Teelöffel gemahlener Kreuzkümmel

- $\frac{1}{2}$ Teelöffel Zimt

- $\frac{1}{4}$ Teelöffel Kurkuma; gerundet

- 1 Tasse Hühnerbrühe

- $\frac{1}{3}$ Tasse Getrocknete Johannisbeeren oder Rosinen

- $\frac{1}{4}$ Tasse Gehackte Tomaten aus der Dose

- 3 Esslöffel Fein gehackte frische Petersilienblätter

Richtungen:

a) In einem schweren Topf die Zwiebel im Öl bei mäßig niedriger Hitze unter Rühren kochen, bis sie weich ist, den Kreuzkümmel, den Zimt und die Kurkuma hinzufügen und die Mischung unter Rühren 30 Sekunden lang kochen. Fügen Sie die Quinoa hinzu und kochen Sie die Mischung unter Rühren 1 Minute lang.

b) Die Brühe, das Wasser, die Johannisbeeren, die Tomaten und das Salz hinzufügen und die Mischung zugedeckt 15 Minuten köcheln lassen oder bis die Flüssigkeit absorbiert ist.

c) Teilen Sie die Quinoa-Mischung auf 6 gebutterte $\frac{1}{2}$-Tassen-Timbale-Formen, packen Sie sie ein und stürzen Sie die Timbales auf eine Platte

84.   Spargel mit Quinoa

Ausbeute: 4 Portionen

Zutaten:

- 1 Tasse Quinoa, gekocht

- 2 Tassen Wasser

- 1 Pfund frischer Spargel

- 2 Teelöffel Olivenöl

- Salz und Pfeffer; schmecken

Richtungen:

a) Öl in einer mittelgroßen Bratpfanne erhitzen

b) Spargel und Salz und Pfeffer zugeben. Ständig rühren, bis der Spargel weich, aber noch etwas knackig ist (ca. 5 Minuten)

c) Quinoa und Spargel kombinieren oder nach Belieben separat servieren.

85. Quinoa-Pilaw mit Mais

Ausbeute: 2 Portionen

Zutaten:

- $1\frac{1}{2}$ Tasse Wasser

- 1 Esslöffel Instant-Gemüsebrühe

- 1 Tasse Quinoa, gespült

- $\frac{3}{4}$ Pfund Dünnhäutige Kartoffeln

- 1 Teelöffel Kreuzkümmel

- $\frac{1}{2}$ Teelöffel Salz; oder mehr nach Geschmack

- 1 Tasse gefrorener Mais; aufgetaut

- $\frac{1}{2}$ Tasse gewürfelte geröstete rote Paprika

- $\frac{1}{4}$ Tasse Gehackter frischer Koriander

Richtungen:

a) In einem mittelschweren Topf das Wasser und das Brühpulver bei starker Hitze zum Kochen bringen. Quinoa, Kartoffeln, Kreuzkümmel und Salz einrühren, abdecken und 10 Minuten köcheln lassen. Fügen Sie den Mais hinzu

b) Bei Bedarf mit zusätzlichem Salz würzen und Paprika und Koriander unterrühren

c) Tex-Mex-Quinoa-Suppe: Reste in einen Topf mit Gemüsebrühe rühren. Beleben Sie ihn mit einem Spritzer Limette.

86.   Quinoa mit Orange anbraten

Ausbeute: 4 Portionen

Zutaten:

- ⅓ Tasse Quinoa, gekocht

- 2 Teelöffel Olivenöl

- 1 Zwiebel; gehackt

- 3 Karotten; gerieben

- 2 Knoblauchzehen; gehackt

- ½ Teelöffel gemahlener Kreuzkümmel

- 1 Tasse Kichererbsen aus der Dose

- ½ Tasse Orangensaft

- ¼ Tasse Rosinen

- ¼ Teelöffel Salz

- ⅛ Teelöffel Zimt

- 1 Esslöffel gehackter Koriander

Richtungen:

a) In einer mittelgroßen beschichteten Pfanne das Öl erhitzen. Fügen Sie die Zwiebel hinzu; kochen, nach Bedarf umrühren, bis sie weich sind, etwa 5 Minuten. Fügen Sie die Karotten, den Knoblauch und den Kreuzkümmel hinzu; kochen, nach Bedarf umrühren, bis die Karotten zusammengefallen sind, etwa 2 Minuten.

b) Quinoa, Kichererbsen, Orangensaft, Rosinen, Salz und Zimt unterrühren; zugedeckt kochen, bis der Saft aufgesogen ist und sich die Aromen vermischt haben, etwa 10 Minuten. Koriander unterrühren.

87.   Gemüse- und Quinoa-Tortillas

Ausbeute: 16 Portionen

Zutaten:

- 1 Tasse Wasser
- $\frac{1}{2}$ Tasse Quinoa; gut gespült und gekocht
- 2 kleine Schalotten; gehackt
- $\frac{1}{2}$ Tasse fein geriebene Karotte
- $\frac{1}{2}$ Tasse Gehackter roter Pfeffer
- 1 großes Ei
- $\frac{3}{4}$ Tasse schnell kochende Haferflocken
- $\frac{3}{4}$ Tasse Vollkorn-Gebäckmehl
- $\frac{3}{4}$ Tasse ungebleichtes Weißmehl
- ⅓ Tasse geriebener Parmesankäse
- $\frac{1}{2}$ Teelöffel Salz
- $\frac{1}{2}$ Teelöffel zerbröckelter trockener Oregano

Richtungen:

a) Kombinieren Sie Schalotten, Karotten, Paprika und Eier. Fügen Sie die warme Quinoa, Haferflocken, Mehl, Käse, Salz und Oregano hinzu. Mischen Sie nur, bis der Teig zusammenkommt.

b) Teig zu einem Zylinder formen, ruhen lassen.

c) Mit einer Tortillapresse oder einem Nudelholz jede Portion in dünne 6-Zoll-Rundstücke formen. Auf der ersten Seite 30 Sekunden backen.

d) Wenden und 1 Minute auf der zweiten Seite backen, dann wieder auf die erste Seite wenden und die letzten 30 Sekunden backen.

88.   Quinoa und Kuri-Kürbis

Ausbeute: 1 Portion

Zutaten:

- Weißwein oder Gemüsebrühe

- 1 mittelgroße Zwiebel, gehackt

- 8 bis 10 Champignons, in Scheiben geschnitten

- 1 große Paprika, gewürfelt

- 1 Jalapenopfeffer

- 1 kleine Zucchini, gewürfelt

- 2 Knoblauchzehen, gehackt

- 3 Tassen Wasser

- $1\frac{1}{2}$ Tasse Quinoa, gut gespült

- 2 Tassen Geschälte und gewürfelte rote Kuri,

- Kürbis oder anderer Winterkürbis

- 1 Tasse gehackter Grünkohl oder Eskariol

- 2 Esslöffel frische Petersilie

- Salz Pfeffer

Richtungen:

a) Backofen auf 400 Grad vorheizen. Zwiebel, Champignons, Paprika, Zucchini und Knoblauch etwa 5 Minuten mit Wein oder Brühe anschwitzen

b) Restliche Zutaten einrühren und zum Kochen bringen.

c) Übertragen Sie die Mischung in eine 9x13-Auflaufform und decken Sie sie ab. Backen, bis die Flüssigkeit aufgesogen ist, etwa 35 bis 40 Minuten. Aus dem Ofen nehmen und mit einer Gabel auflockern. 5 Minuten vor dem Servieren stehen lassen.

89.   Walnuss-Rosmarin-Quinoa

Ausbeute: 6 Portionen

Zutaten:

- 1 Esslöffel Sesamöl

- 1 kleine Zwiebel

- 1¼ Tasse Quinoa, gründlich gespült

- 1 kleine rote Paprika, gewürfelt

- 3 Tassen Wasser

- 1 Teelöffel Tamari Sojasauce

- 1 Teelöffel frischer Rosmarin ODER

- ½ Teelöffel getrockneter Rosmarin

- 1 Tasse frische oder gefrorene Erbsen

- ½ Tasse Walnüsse, gehackt

Richtungen:

a) Ofen vorheizen auf 350 Grad. Öl in einem Topf erhitzen und Zwiebel und Quinoa hinzugeben. Bei mittlerer Hitze unter ständigem Rühren 3 Minuten anbraten.

b) Rote Paprika zugeben und weitere 2 Minuten anbraten. Wasser, Sojasauce und Rosmarin zugeben. (Wenn Sie frische Erbsen verwenden, fügen Sie sie jetzt hinzu.) Bringen Sie den Inhalt zum Kochen; abdecken und 15 Minuten köcheln lassen.

c) Währenddessen die Walnüsse 5 Minuten lang im 350-Grad-Ofen rösten. Wenn Quinoa gekocht ist, schalten Sie die Hitze aus und mischen Sie Walnüsse und gefrorene Erbsen unter.

90.   Wildreis mit Quinoa

Ausbeute: 3 Portionen

Zutaten:

- $2\frac{1}{2}$ Tassen Wasser

- 1 Teelöffel Sojasauce

- $\frac{1}{2}$ Tasse Wildreis, gewaschen und eingeweicht

- $\frac{1}{2}$ Tasse Quinoa

Richtungen:

a) Wasser und Sojasauce in einen Topf geben und bei mittlerer Hitze zum Kochen bringen. Wildreis dazugeben und zugedeckt die Hitze reduzieren und 30 Minuten köcheln lassen.

b) Quinoa zugeben, zudecken und weitere 20 Minuten köcheln lassen oder bis das Wasser vollständig aufgesogen ist.

c) Vom Herd nehmen und zugedeckt 5 Minuten dämpfen lassen. Mit einer Gabel auflockern.

91. Quinoa Tabouleh

Zutaten:

- 1 ½ Tassen Kiwi-Quinoa, ungekocht

- 1 ½ Tassen frische Kräuter (Petersilie, Minze und/oder Koriander)

- 1/2 kleine rote Zwiebel oder 2 Frühlingszwiebeln, fein gehackt

- Saft von 2 Zitronen

- 1/3 Tasse natives Olivenöl extra Salz und Pfeffer abschmecken

Richtungen:

a) 1 ½ Tassen Kiwi Quinoa abspülen und mit 6 Tassen Wasser in einen Topf geben. Mit einem Deckel abdecken und zum Kochen bringen. Hitze reduzieren und etwa 20 Minuten köcheln lassen oder bis sich die Quinoa-Schwänze lösen. Überschüssiges Wasser abseihen und abkühlen lassen.

b) In einer kleineren Schüssel die frisch gehackten Kräuter, die rote Zwiebel und den Zitronensaft mischen – 5 Minuten marinieren lassen und dann das Olivenöl hinzufügen. Kombinieren Sie die Kräutermischung und die Kiwi-Quinoa und mischen Sie alles.

c) Mit Salz und Pfeffer abschmecken (bei Bedarf zusätzlichen Zitronensaft oder Olivenöl hinzufügen). Im Kühlschrank hält es sich 2 bis 3 Tage.

92.   Knuspriger Quinoa-Kräuter-Salat

Zutaten:

- 1 Bund Koriander, gehackt

- ½ Bund Petersilie, gehackt

- ½ rote Zwiebel, fein gewürfelt

- 1 Tasse Kiwi Quinoa, ungekocht

- ½ Tasse Linsen (ungekocht)

- 2 Esslöffel geröstete Kürbiskerne

- 2 Esslöffel geröstete Mandelsplitter

- 2 Esslöffel geröstete Pinienkerne

- 2 Esslöffel geröstete Sonnenblumenkerne

- 2 Esslöffel Babykapern

- ½ Tasse Preiselbeeren oder Johannisbeeren

- 1 Esslöffel Rotweinessig

- 3 Esslöffel natives Olivenöl extra Meersalz nach Geschmack

- 1 Tasse dicker griechischer Joghurt

- 1 Teelöffel gemahlener Kreuzkümmel

- 1 Esslöffel Honig

Richtungen:

a) 1 Tasse Kiwi Quinoa abspülen und mit 5 Tassen Wasser in einen Topf geben. Mit einem Deckel abdecken und zum Kochen bringen. Hitze reduzieren und etwa 20 Minuten köcheln lassen oder bis sich die Quinoa-Schwänze lösen. Überschüssiges Wasser abseihen, zum Abkühlen beiseite stellen.

b) Linsen in kochendem Wasser weich kochen. Gründlich abspülen und zum Abkühlen beiseite stellen.

c) Joghurt, Kreuzkümmel und Honig verrühren. Verwenden Sie ein wenig kochendes Wasser, um den Honig zu schmelzen, wenn er fest ist.

d) Koriander, Petersilie, rote Zwiebel, Quinoa, Linsen, geröstete Nüsse und Samen, Kapern, Preiselbeeren (oder Johannisbeeren), Rotweinessig und Olivenöl in eine mittelgroße Schüssel geben. Gut mischen, abschmecken.

e) In eine Servierschüssel geben und mit Kreuzkümmeljoghurt garnieren.

93. Chili con Quinoa

Zutaten:

- 1 Tasse Kiwi Quinoa, ungekocht

- 1 Esslöffel natives Olivenöl extra

- 1 große Zwiebel, rot oder braun, gewürfelt

- 1 rote Paprika, gewürfelt

- 4 Knoblauchzehen, zerdrückt

- 800 g gewürfelte oder passierte Tomaten

- 2 Esslöffel Tomatenmark

- 2 Tassen Gemüsebrühe

- 2 Esslöffel Chilipulver

- 2 Teelöffel gemahlener Kreuzkümmel

- 2 Teelöffel Kakaopulver

- 2 Teelöffel Paprika

- 1 Teelöffel gemahlener Koriander

- 1 Teelöffel Cayennepfeffer (wer es scharf mag!) Salz und Pfeffer

- 2 x 400 g Dosen Kidneybohnen, abgetropft und abgespült

- 1 x 400g Dose schwarze Bohnen, abgetropft und abgespült

- 1 x 400g Dose Maiskörner oder frisch je nach Saison

- ½ Tasse Koriander, gehackt Saft von 1 Limette

DIENEN:

- Saure Sahne (optional)

- Geriebener leckerer Käse (optional) Korianderblätter

Richtungen:

a) 1 Tasse Kiwi Quinoa abspülen und mit 5 Tassen Wasser in einen Topf geben. Mit einem Deckel abdecken und zum Kochen bringen. Hitze reduzieren und etwa 20 Minuten köcheln lassen oder bis sich die Quinoa-Schwänze lösen. Überschüssiges Wasser abseihen, beiseite stellen.

b) Das Öl in einem großen Topf bei starker Hitze erhitzen. Fügen Sie die Zwiebel hinzu und kochen Sie sie unter Rühren 4 Minuten lang oder bis sie weich sind. Knoblauch und Paprika hinzufügen und eine weitere Minute kochen.

c) Gewürfelte Tomaten, Tomatenmark, gekochte Kiwi-Quinoa, Brühe, Chilipulver, Kreuzkümmel, Kakao, Paprika, Koriander, Cayennepfeffer dazugeben und mit Salz und Pfeffer abschmecken. Bringen Sie die Mischung nur zum Kochen, dann reduzieren Sie die Hitze auf ein Köcheln. 30 Minuten köcheln lassen.

d) Geben Sie Kidneybohnen, schwarze Bohnen, Mais, frischen Koriander und Limette hinzu und kochen Sie, bis sie durchgewärmt sind.

e) Heiß servieren und mit frischen Korianderblättern Ihrer Wahl, Sauerrahm und/oder geriebenem, leckerem Käse garnieren.

94. Kokos-Quinoa-Frühstücksschalen

Serviert 4

Zutaten:

- 1 Esslöffel (14 g) Kokosöl
- 1½ Tassen (265 g) rote oder schwarze Quinoa, gespült
- (14 Unzen oder 392 g) Dose ungesüßte leichte Kokosmilch und mehr zum Servieren
- Tassen (470 ml) Wasser
- Feines Meersalz
- Esslöffel (40 g) Honig, Agaven- oder Ahornsirup
- 2 Teelöffel (10 ml) Vanilleextrakt
- Kokosjoghurt
- Blaubeeren
- Goji-Beeren
- Geröstete Kürbiskerne
- Geröstete ungesüßte Kokosflocken

Richtungen:

a) Das Öl in einem Topf bei mittlerer Hitze erhitzen. Quinoa zugeben und unter häufigem Rühren ca. 2 Minuten rösten. Die Dose Kokosmilch, das Wasser und eine Prise Salz langsam unterrühren. Die Quinoa sprudelt und spritzt zunächst, setzt sich aber schnell ab.

b) Zum Kochen bringen, dann abdecken, die Hitze auf ein Minimum reduzieren und etwa 20 Minuten köcheln lassen, bis eine zarte, cremige Konsistenz erreicht ist. Vom Herd nehmen und Honig, Agave oder Ahornsirup und Vanille einrühren.

c) Zum Servieren den Quinoa auf Schüsseln verteilen. Mit extra Kokosmilch, Kokosjoghurt, Heidelbeeren, Gojibeeren, Kürbiskernen und Kokosflocken toppen.

95.   Za'atar-Kichererbsen-Quinoa-Schüsseln

Serviert 4

Zutaten:

- 4 mittelgroße Karotten
- 3 Esslöffel (45 ml) Avocado- oder natives Olivenöl extra, geteilt
- Koscheres Salz und frisch gemahlener schwarzer Pfeffer
- 1 Tasse (175 g) Quinoa, gespült
- 2 Tassen (470 ml) Wasser
- 2 Teelöffel (10 ml) Apfelessig
- 6 Tassen (420 g) zerkleinerter Grünkohl, geteilt
- $\frac{1}{2}$ gelbe Zwiebel, gewürfelt
- $1\frac{1}{2}$ Tassen Kichererbsen, abgetropft und gespült
- 2 Teelöffel (4 g) Za'atar
- 1 Teelöffel (2 g) gemahlener Kreuzkümmel
- 2 Rüben, geschält und in dünne Scheiben geschnitten
- $\frac{3}{4}$ Tasse (180 ml) Koriander-Joghurt-Sauce
- Sesamsamen

Richtungen:

a) Ofen auf 200°C (400°F) oder Gas Stufe 6 vorheizen.

b) Möhren schälen und in 6 mm dicke Scheiben schneiden.

c) Mit 1 Esslöffel (15 ml) Öl, Salz und Pfeffer vermengen und in einer Schicht auf einem Backblech mit Rand anrichten. Braten, bis sie weich und an den Rändern gebräunt sind, etwa 20 Minuten, nach der Hälfte der Zeit wenden.

d) In der Zwischenzeit Quinoa, Wasser und eine Prise Salz in einem mittelgroßen Topf vermengen. Zum Kochen bringen, dann die Hitze auf niedrig reduzieren, abdecken und etwa 15 Minuten köcheln lassen, bis sie weich sind.

e) Vom Herd nehmen, den Essig und 2 Tassen (140 g) Grünkohl einrühren und mit geschlossenem Deckel etwa 5 Minuten dämpfen.

f) In der Zwischenzeit die restlichen 2 Esslöffel (30 ml) Öl in einer großen Pfanne bei mittlerer Hitze erhitzen. Fügen Sie die Zwiebel hinzu und kochen Sie sie unter gelegentlichem Rühren, bis sie weich ist. Kichererbsen, Za'atar, Kreuzkümmel, Salz und Pfeffer einrühren. Unter gelegentlichem Rühren kochen, bis die Kichererbsen durchgewärmt sind und duften, etwa 5 Minuten.

g) Zum Servieren den Quinoa auf Schüsseln verteilen. Mit Kichererbsen, Karotten, den restlichen 4 Tassen (280 g) Grünkohl und geschnittenen Rüben belegen. Mit Koriander-Joghurt-Sauce beträufeln und mit Sesam bestreuen.

96. Gewürzte Bohnen- und Pilzschalen

Serviert 4

Zutaten:

- 1 Tasse (175 g) Quinoa, gespült
- 2 Tassen (470 ml) Wasser
- Koscheres Salz und frisch gemahlener schwarzer Pfeffer
- 1 mittelgroße rote Zwiebel, gehackt
- 1 Kopf Brokkoli, in Röschen geschnitten
- 4 Esslöffel (60 ml) Avocado- oder natives Olivenöl extra, geteilt
- 115 g Cremini-Pilze, geviertelt
- 115 g Shiitake-Pilze, entstielt und in Scheiben geschnitten
- 1 Knoblauchzehe, gehackt
- 3 Tassen Butterbohnen, abgetropft und gespült
- 2 Teelöffel (4 g) Za'atar
- $\frac{1}{2}$ Teelöffel Aleppopfeffer
- Geröstete Paprikasoße
- Gehackte Mandeln

Richtungen:

a) Ofen auf 200°C (400°F) oder Gas Stufe 6 vorheizen.

b) Kombinieren Sie Quinoa, Wasser und eine großzügige Prise Salz in einem mittelgroßen Topf. Zum Kochen bringen, dann die Hitze auf ein Köcheln reduzieren und unbedeckt kochen, bis sie weich sind, etwa 15 Minuten.

c) Vom Herd nehmen, mit einem Deckel abdecken und etwa 5 Minuten dämpfen.

d) In der Zwischenzeit die Zwiebel und den Brokkoli auf einem Backblech mit Rand anrichten. Mit 2 Esslöffeln (30 ml) des Öls beträufeln, mit Salz und Pfeffer würzen und umrühren, um es zu beschichten. 20 Minuten braten, nach der Hälfte der Zeit einmal umrühren.

e) Erhitze 1 Esslöffel (15 ml) Öl in einer Pfanne bei mittlerer Hitze. Die Pilze dazugeben, mit Salz und Pfeffer würzen und ca. 8 Minuten anbraten, bis sie gebräunt und zart sind. Den Knoblauch einrühren und weitere 2 Minuten braten. Die Pilze auf einen Teller geben.

f) Restlichen 1 Esslöffel (15 ml) Öl in derselben Pfanne erhitzen. Fügen Sie die Bohnen hinzu, verteilen Sie sie in einer gleichmäßigen Schicht und kochen Sie, bis der Boden leicht gebräunt ist, etwa 3 Minuten. Mit Za'atar, Aleppo-Pfeffer und Salz würzen und umrühren. Etwa 5 Minuten länger garen, bis die Bohnen von allen Seiten Blasen bekommen.

g) Zum Servieren den Quinoa auf Schüsseln verteilen. Mit gerösteten Zwiebeln, Brokkoli, Pilzen und Bohnen garnieren. Mit gerösteter Paprikasoße beträufeln und mit Mandeln bestreuen.

97.   Chipotle-Süßkartoffelschalen

Serviert 4

Zutaten:

- ½ Tasse (120 ml) weißer Essig
- 2½ Tassen (590 ml) plus 2 Esslöffel (30 ml) Wasser, geteilt
- Koscheres Salz und frisch gemahlener schwarzer Pfeffer
- ½ Tasse (80 g) dünn geschnittene rote Zwiebel
- 2 große (oder 3 mittelgroße) Süßkartoffeln
- 1 Esslöffel (15 ml) Avocado- oder natives Olivenöl extra
- 1 Esslöffel (6 g) Chipotle-Chilipulver
- 2 Teelöffel (4 g) gemahlener Kreuzkümmel, aufgeteilt
- 1 Tasse (175 g) Quinoa, gespült
- 2 Esslöffel (30 ml) frisch
- gepresster Limettensaft
- 1½ Tassen (300 g) oder 1 (15 Unzen oder 420 g) Dose schwarze Bohnen, abgetropft und gespült
- 1 Tasse (120 g) Maiskörner
- 4 Tassen (120 g) Babyspinat
- 1 Avocado, geschält, entkernt und in dünne Scheiben geschnitten
- Chimichurri Sauce
- 2 Frühlingszwiebeln, in dünne Scheiben geschnitten

Richtungen:

a) Ofen auf 200°C (400°F) oder Gas Stufe 6 vorheizen.

b) Bringe den Essig, ½ Tasse (120 ml) Wasser und ½ Teelöffel Salz in einem kleinen Topf zum Kochen und rühre um, um das

Salz aufzulösen. Die Zwiebel in eine kleine Schüssel geben und die heiße Flüssigkeit darüber gießen; beiseite legen.

c) Die Kartoffeln schälen und längs halbieren, dann in 1,3 cm dicke Scheiben schneiden. Vermengen Sie die Süßkartoffeln mit Öl, Chipotle-Chilipulver, 1 Teelöffel (2 g) Kreuzkümmel, Salz und Pfeffer. Auf einem umrandeten Backblech in einer gleichmäßigen Schicht verteilen. Braten, bis sie zart und an den Rändern gebräunt sind, etwa 25 Minuten lang, dabei einmal nach der Hälfte der Zeit wenden.

d) Mischen Sie in der Zwischenzeit Quinoa, 2 Tassen (470 ml) Wasser und eine großzügige Prise Salz in einem mittelgroßen Topf. Zum Kochen bringen, dann abdecken, die Hitze auf niedrig reduzieren und etwa 15 Minuten köcheln lassen, bis sie weich sind. Vom Herd nehmen und mit geschlossenem Deckel etwa 5 Minuten dämpfen. Limettensaft einrühren.

e) Gib die Bohnen, den Mais, die restlichen 2 Esslöffel (30 ml) Wasser, die restlichen 1 Teelöffel (2 g) Kreuzkümmel und eine Prise Salz in einen mittelgroßen Topf. Unter gelegentlichem Rühren kochen, bis es durchgeheizt ist, 3 bis 5 Minuten.

f) Die Flüssigkeit von den Zwiebeln abgießen. Zum Servieren Spinat und Quinoa auf Schüsseln verteilen. Mit Süßkartoffeln, schwarzer Bohnen-Mais-Mischung, eingelegten roten Zwiebeln und Avocado belegen. Mit Chimichurri-Sauce beträufeln und mit Frühlingszwiebeln bestreuen.

98. Mandel-Quinoa und Lachs Bowls

Serviert 4

Zutaten:

- 1 Tasse (175 g) Quinoa, gespült
- 2 Tassen (470 ml) Wasser
- Koscheres Salz und frisch gemahlener schwarzer Pfeffer
- 2½ Esslöffel (37 ml) Avocado- oder natives Olivenöl extra, geteilt
- ¼ Tasse (36 g) gehackte geröstete Mandeln plus mehr zum Bestreuen
- 4 (115 bis 168 g) Lachsfilets
- 12 Bund Broccolini
- 2 große Rüben, geschält und in dünne Scheiben geschnitten
- 2 Tassen (40 g) Rucola
- ¾ Tasse (180 ml) Geröstete rote Paprika
- Soße

Richtungen:

a) Kombinieren Sie Quinoa, Wasser und eine großzügige Prise Salz in einem mittelgroßen Topf. Zum Kochen bringen, dann die Hitze auf ein Köcheln reduzieren und unbedeckt kochen, bis sie weich sind, etwa 15 Minuten.

b) Vom Herd nehmen, mit einem Deckel abdecken und etwa 5 Minuten dämpfen. Quinoa mit einer Gabel auflockern und dann ½ Esslöffel (7 ml) des Öls und die Mandeln unterrühren.

c) Ordnen Sie einen Ofenrost etwa 15 cm unter dem Boiler an und stellen Sie den Ofen auf Grillen.

d) Legen Sie den Lachs mit der Hautseite nach unten auf eine Seite eines Backblechs mit Rand. Mit 1 Esslöffel (15 ml) Öl leicht bestreichen und mit Salz und Pfeffer würzen. Den Broccolini mit dem restlichen 1 Esslöffel (15 ml) Öl, Salz und Pfeffer vermengen.

e) Den Broccolini in einer Schicht auf der anderen Seite des Backblechs verteilen. Grillen, bis der Lachs gar ist und leicht abblättert, 6 bis 8 Minuten, je nach Dicke.

f) Zum Servieren den Quinoa auf Schüsseln verteilen. Mit Lachs, Broccolini, Rüben und Rucola garnieren. Mit gerösteter Paprikasoße beträufeln und mit Mandeln bestreuen.

99.   Superfood Lachs Bowls

Serviert 4

Zutaten:

- 1 große Süßkartoffel, geschält und in 1,3 cm dicke Scheiben geschnitten
- 1 Esslöffel (15 ml) Avocado- oder natives Olivenöl extra, plus mehr für den Lachs
- Koscheres Salz und frisch gemahlener schwarzer Pfeffer
- 4 (115 bis 168 g) Lachsfilets
- 1 Tasse (175 g) Quinoa, gespült
- 2 Tassen (470 ml) Wasser
- 2 verpackte Tassen (140 g) fein zerkleinert
- Toskanischer Grünkohl
- 2 Teelöffel (10 ml) Apfelessig
- 2 große Rüben, geschält und geraspelt
- 2 Avocados, geschält, entkernt und in dünne Scheiben geschnitten
- 1 Tasse (50 g) Sonnenblumensprossen
- Geröstete Walnüsse
- Zitronen-Tahini-Sauce

Richtungen:

a) Ofen auf 220°C (425°F) oder Gas Stufe 7 vorheizen.

b) Die Süßkartoffelscheiben mit Öl, Salz und Pfeffer mischen. In einer Schicht auf einer Seite eines Backblechs mit Rand anrichten und 10 Minuten rösten. Das Backblech aus dem Ofen nehmen und die Kartoffeln wenden. Den Lachs mit der

Hautseite nach unten auf das Backblech legen, leicht mit Öl bestreichen und mit Salz und Pfeffer würzen. Je nach Dicke 8 bis 12 Minuten braten, bis der Lachs durchgegart ist und leicht abblättert.

c) In der Zwischenzeit Quinoa, Wasser und eine großzügige Prise Salz in einem mittelgroßen Topf mischen. Zum Kochen bringen, dann abdecken, die Hitze auf niedrig reduzieren und etwa 15 Minuten köcheln lassen, bis sie weich sind. Vom Herd nehmen, Grünkohl und Apfelessig einrühren und zugedeckt etwa 5 Minuten dämpfen.

d) Zum Servieren Quinoa und Grünkohl auf Schüsseln verteilen. Mit Lachs, Süßkartoffeln, Rüben, Avocado, Sprossen und Walnüssen garnieren.

e) Mit Zitronen-Tahini-Sauce beträufeln.

100.   Green Curry Chicken und Quinoa Bowls

Serviert 4

Zutaten:

- 1 Tasse (175 g) Quinoa, gespült
- 2 Tassen (470 ml) Wasser
- Koscheres Salz und frisch gemahlener schwarzer Pfeffer
- 2 Esslöffel (28 g) Kokosöl, geteilt
- 1 Pfund (455 g) Hähnchenbrust ohne Knochen, ohne Haut, auf $\frac{1}{2}$ Zoll zerstoßen
- (1,3 cm) dick
- 2 Knoblauchzehen, gehackt
- 1½ Esslöffel (9 g) fein gehackter frischer Ingwer
- 2 Esslöffel (30 g) grüne Thai-Curry-Paste
- 2 mittelgroße Süßkartoffeln, geschält und in 2,5 cm große Würfel geschnitten
- 1 (14 Unzen oder 392 g) Dose ungesüßte Kokosmilch
- 1½ Tassen (355 ml) Gemüse- oder Hühnerbrühe
- 1 Limette, geschält, dann in Spalten geschnitten
- 2 Teelöffel (10 ml) Tamari
- 3 Tassen (210 g) zerkleinerter Regenbogen-Mangold
- 1 rote Paprika, entkernt und in dünne Scheiben geschnitten
- 1 Tasse (70 g) zerkleinerter Rotkohl
- Frische Korianderblätter
- Frische Thai-Basilikumblätter

Richtungen:

a) Kombinieren Sie Quinoa, Wasser und eine großzügige Prise Salz in einem mittelgroßen Topf. Zum Kochen bringen, dann abdecken, die Hitze auf niedrig reduzieren und etwa 15 Minuten köcheln lassen, bis sie weich sind. Vom Herd nehmen, zugedeckt halten und etwa 5 Minuten dämpfen.

b) In der Zwischenzeit 1 Esslöffel (14 g) des Kokosöls in einem Schmortopf bei mittlerer Hitze erhitzen. Das Hähnchen auf beiden Seiten großzügig mit Salz und Pfeffer würzen. Das Huhn in die Pfanne geben und ungestört kochen, bis der Boden gut gebräunt ist, 4 bis 5 Minuten.

c) Drehen Sie das Huhn um. Die andere Seite weitere 4 bis 5 Minuten anbraten, bis sie gut gebräunt ist. Übertragen Sie das Huhn auf ein Schneidebrett und schneiden Sie es in Scheiben, sobald es kühl genug ist, um es anzufassen.

d) Erhitze die restlichen 1 Esslöffel (14 g) Kokosöl im selben Topf bei mittlerer Hitze. Fügen Sie Knoblauch und Ingwer hinzu und kochen Sie, bis es duftet, etwa 30 Sekunden lang. Die Currypaste einrühren und 1 Minute länger kochen.

e) Süßkartoffeln, Kokosmilch, Brühe und Limettenschale unterrühren und mit Salz und Pfeffer abschmecken. Zum Kochen bringen, dann die Hitze auf niedrig reduzieren und 15 bis 20 Minuten köcheln lassen, bis die Süßkartoffeln weich sind. Vom Herd nehmen und das Tamari einrühren.

f) Zum Servieren Quinoa und Mangold auf Schüsseln verteilen. Mit Hühnchen, Paprika, Kohl und Süßkartoffeln garnieren.

g) Die Currysauce darüber geben und mit frischen Kräutern und einem Spritzer Limettensaft garnieren.

FAZIT

Der Umfang der Forschung zu Quinoa ist im Laufe der Jahre enorm gewachsen, teilweise aufgrund des Hypes, aber zum größeren Teil aufgrund der immer wieder anerkannten gesundheitlichen Vorteile des Samens. Das nährstoffreiche Pseudogetreide soll das Risiko einer Reihe von Krankheiten verringern und einen idealen proteinreichen Ersatz für glutenfreie Diäten bieten.

Vollkornprodukte wie Quinoa gelten aufgrund ihres hohen Ballaststoffgehalts als vorbeugend für bestimmte Krebsarten. Eine Studie aus dem Journal of Nutrition legt nahe, dass die Ballaststoffe in Vollkornprodukten dazu beitragen können, den LDL- oder „schlechten" Cholesterinspiegel zu senken, die Gesundheit des Verdauungssystems zu fördern und möglicherweise das Risiko für einige Magen-Darm-Krebsarten wie Darmkrebs zu senken.

CPSIA information can be obtained
at www.ICGtesting.com
Printed in the USA
BVHW011733030722
641216BV00005B/59

9 781804 657317